U0592986

跨省域补充耕地指标交易机制研究

褚冬琳◎著

STUDY ON INTER-PROVINCIAL SUPPLEMENTARY CULTIVATED LAND INDICATORS TRADING MECHANISM

经济管理出版社
ECONOMY & MANAGEMENT PUBLISHING HOUSE

图书在版编目（CIP）数据

跨省域补充耕地指标交易机制研究/褚冬琳著 .—北京：经济管理出版社，2023. 12
ISBN 978-7-5096-9543-2

Ⅰ. ①跨…　Ⅱ. ①褚…　Ⅲ. ①耕地—土地制度—研究—中国　Ⅳ. ①F321. 1

中国国家版本馆 CIP 数据核字(2023)第 242957 号

组稿编辑：曹　靖
责任编辑：郭　飞
责任印制：许　艳
责任校对：王淑卿

出版发行：经济管理出版社
（北京市海淀区北蜂窝 8 号中雅大厦 A 座 11 层　100038）
网　　址：www. E-mp. com. cn
电　　话：(010) 51915602
印　　刷：唐山昊达印刷有限公司
经　　销：新华书店
开　　本：720mm×1000mm/16
印　　张：10. 25
字　　数：158 千字
版　　次：2023 年 12 月第 1 版　　2023 年 12 月第 1 次印刷
书　　号：ISBN 978-7-5096-9543-2
定　　价：88. 00 元

前　言

耕地安全是粮食安全的基础。为了保护粮食安全，我国很早就实施了耕地占补平衡政策。但由于城镇化用地与耕地保护之间的矛盾愈加尖锐，耕地非农化、非粮化问题仍很突出，耕地保护的形势依然严峻。随着生育政策的放开，以及“以人为核心的新型城镇化”的推进，土地资源的有限性约束愈加凸显。城镇化和工业化是现代化的“一轮两翼”，我国人多地少的国情和现代化建设的进程决定了土地供需矛盾还将持续相当长的时间。在推进城镇化建设的进程中，发达地区土地高强度利用与农村耕地撂荒面积日趋扩大的现象赫然并存，显然，省域内的耕地占补平衡政策已经在一定程度上束缚了城镇化、工业化的发展，因此，迫切需要打破省域的界限来拓展土地高效利用的空间。打破耕地占补平衡政策的省域界线，既有助于提高土地利用效率，也有利于发挥经济发达地区和资源丰富地区资金与资源的互补优势。《跨省域补充耕地国家统筹管理办法》的实施，是我国耕地占补平衡政策跨省域的开拓性尝试。跨省域补充耕地在探索初期采用的是国家统筹管理的方式，但行政指令价格容易受主观因素影响而偏离土地该有的价值。本书试图建立跨省域补充耕地指标交易机制，推进跨省域补充耕地的市场化。

本书对构建跨省域补充耕地指标交易机制可能涉及的几个关键问题进行了研究，主要包括跨省域补充耕地可能面临的困境、建立交易机制可能获取到的经验借鉴以及交易机制的框架应该如何搭建等。在研究中获得了如下发现：

第一，跨省域补充耕地会面临一些不可避免的困境。如加大了地区之间的发展差距；落后地区在耕地增加的同时，面临着人力资本的流失，可能会加剧耕地撂荒现象；与实际情况不符的耕地供给与需求；等等。在跨省域补充耕地国家统筹管理模式下，这些困境可能会进一步凸显。

第二，从集体建设用地交易制度的演变规律和各地交易的特点中可以发现，土地市场突破省域的界线是大势所趋。构建全国统一的土地市场时，过度的管制或者市场化都无法实现市场的良好运作。在土地交易过程中，必须具备长远的眼光，做好用地规划，充分考虑产业融合、城乡融合，才有可能运用土地交易获得的资金，为后续的发展赢得机会。而土地公有制、耕地红线和农民利益是所有土地交易必须坚守的初衷和底线。

第三，因为交易数额较大，交易主体相对较少，土地市场往往带有垄断性质。跨省域补充耕地指标交易市场作为新兴市场，面临耕地交易量小、竞争力不强的情况，落后地区亟须发展资金的迫切可能会增强买方的垄断地位。因此，在市场建立初期，必须制定土地基准价，以避免交易价格偏低。本书采用效用最大化分析发现，当基准价等于土地发展权价格时，总收益比仅仅补偿土地整理成本时增多，而基准价等于土地发展权价格加上土地整理成本时，总收益增加值为零，收益的变动仅仅是双方之间此消彼长的转移。为了使总收益增加，基准价应至少等于土地发展权价格。

第四，中央政府退出跨省域补充耕地统筹管理后，主要履行监督职能。本书通过博弈论分析发现，为了让地方政府遵守保护耕地的要求，中央政府的奖励金与处罚金的差额应大于耕地管理成本；而让地方政府不擅自改变土地用途的措施是：中央政府的奖励金与处罚金的差额应大于改变土地用途时的土地发展权收益。

第五，农业是典型的风险产业，将风险纳入土地发展权定价模型时，需要考虑其合理性，例如对于耕地需求方来说是否公平。在对生产风险进行分析时发现，剥离趋势产量测度生产风险的方法具有一定的局限性，而技术效率测度农业生产风险不仅具备微观理论基础，还有可能在一定程度上弥补了人力资本流失带来的损失。

第六，“共建园区”协同发展有助于弥补跨省域补充耕地面临的经济发展差距，为了避免保障制度流于形式，需要建立协同发展综合评价指标进行考核。用泰尔指数测度的逆向指标的指标值越小，协同效果越好。但是指标值的下降却不一定是协同作用的结果，因此它不适合作为正向激励的考核指标，而适合作为反向的惩罚衡量标准。

本书的创新点在于：

第一，制度方面的创新。目前土地市场交易机制的研究主要涉及交易定价、市场规则、交易风险规避等，并没有建立完整的交易机制。本书通过对耕地交易可能出现的困境进行了深入分析，对集体建设用地交易的制度变革及各地区交易实践的差异情况进行了比较和借鉴，总结并提炼出相对完善的跨省域补充耕地指标交易机制的结构框架。包括：①最大化效用分析供求双方的行为得出的交易价格机制。②在政府统筹引致价格偏离实际需求的情况下，建议实施市场主导、政府引导原则。③针对经济发展差距扩大、人口外流问题，提出各项交易基本原则以及交易保障机制。本书对于跨省域补充耕地指标交易机制的构建不局限于耕地直接交易本身，而是努力推动政府调控、价格机制和保证制度三者之间的良性互动，来完善跨省域补充耕地指标交易机制。

第二，理论方面的创新。本书运用供给需求理论剖析了跨省域补充耕地引起的政府挤出效应、外部效应变化及其影响；运用效用最大化分析供求双方的行为，得出土地定价应以补偿土地发展权为基准；在论述技术效率测度农业生产风险合理性的过程中，尝试借鉴生产扩展线的推导过程，建立技术效率测度农业生产风险的微观理论基础；提出建立“共建园区”的交易保障机制，包括定点粮仓工程建设、人力资源协同开发等。本书有感于广东农民基于其优越的地理位置参与南海股利分红，同时结合跨省域补充耕地突破地理限制的创新尝试，希望通过“共建园区”使落后地区能够突破地理界线的限制，从园区中间接分享区位优势的“外溢”，从而缩小省际间的经济发展差距。

第三，实证方面的创新。本书在土地发展权定价的基础上将农业生产风险纳入模型中，分析了技术效率测度农业生产风险的合理性，并构建了面板空间随机前沿模型和一般随机前沿模型进行对比分析，提升技术效率估计的正确性；运用泰尔指数将“共建园区”协同发展的人均 GDP 省际差距分解为省际间差异和省域内差异，更好地测度及对比了省际间的人均 GDP 的实际差异。

目 录

第一章　绪论

跨省域补充耕地是耕地占补平衡政策在空间上的扩展，是指某省份建设用地占用的耕地指标，可以由其他省份的人民政府从后备耕地资源中补充划入相应数量和质量相当的耕地，以实现跨省域的耕地总量上的动态平衡。目前，我国跨省域补充耕地采取的是国家统筹的方式。“跨省域补充耕地国家统筹，是指耕地后备资源严重匮乏的直辖市，占用耕地、新开垦耕地不足以补充所占耕地，或者资源环境条件严重约束、补充耕地能力严重不足的省，由于实施重大建设项目造成补充耕地缺口，经国务院批准，在耕地后备资源丰富省份落实补充耕地任务的行为”①。交易机制指交易的市场规则和保证规则实施的技术②，通常指规范交易的制度，具体规定参与交易的各方行为，全部规定形成一个机制，即交易机制③。

本章在分析城镇化建设过程中耕地保护与新增建设用地需求之间的矛盾，以及乡村振兴缺乏发展资金的背景下，介绍了国内外耕地保护政策、土地市场、土地定价方法和土地交易的风险管理等相关研究成果，提出建立跨省域补充耕地指标交易机制是解决用地矛盾、提升土地利用率的关键，并依次按研究思路、方法及创新点等进行概述。

① 《国务院办公厅关于印发跨省域补充耕地国家统筹管理办法和城乡建设用地增减挂钩节余指标跨省域调剂管理办法的通知》（国办发〔2018〕16号）。

② 资料来源：https：//www. doc88. com/p-4435803329359. html。

③ 资料来源：https：//wenwen. sogou. com/z/q661761095. htm。

第一节 选题背景及研究意义

一、选题背景

（一）城镇化与耕地保护之间的矛盾尖锐化

我国是世界人口第一大国，人口总数约占全球总人口的18%①，而耕地面积仅占全球土地面积的8.80%②，虽然我国实现了粮食的自给自足，但人均耕地面积不到世界平均水平的50%，部分省份耕地面积低于联合国人均耕地0.85亩的警戒线（见图1-1）。我国耕地保护形势依然严峻，耕地非农化、非粮化问题突出。2021年8月26日，国务院第三次全国国土调查领导小组办公室、自然资源部、国家统计局发布的《第三次全国国土调查主要数据公报》显示，2019年末全国耕地面积为19.18亿亩，虽然完成了国家规划既定的2020年18.65亿亩耕地保有量的目标，但相比“二调”（2009年完成）数据，10年间全国耕地面积减少了1.13亿亩，耕地保护形势不容乐观，虽然数据显示耕地减少的主要原因是国土绿化和农业结构调整，但也暴露了一些问题，如地方盲目推进生态建设和农村居民乱占耕地建房、占用耕地发展林果业、挖塘养鱼、种植其他非粮作物等，可见保障粮食安全任重道远、不容松懈。并且，我国耕地整体质量水平不高，可供耕种的土地几乎已经开垦完毕，耕地后备资源严重不足，可挖潜的空间不大。“如何把中国人的饭碗牢牢端在自己手中”的挑战和压力依然巨大。

---

① 《我国仍是世界第一人口大国，约占全球总人口18%——人口家底有了新变化》，人民日报，http://www.gov.cn/xinwen/2021-05/12/content_5605914.htm。

② 《世界上农业耕地面积最大的十个国家，中国排第几》，佰幸农业，https://mp.weixin.qq.com/s/FvednMEfu3sO0ojt_snKkQ。

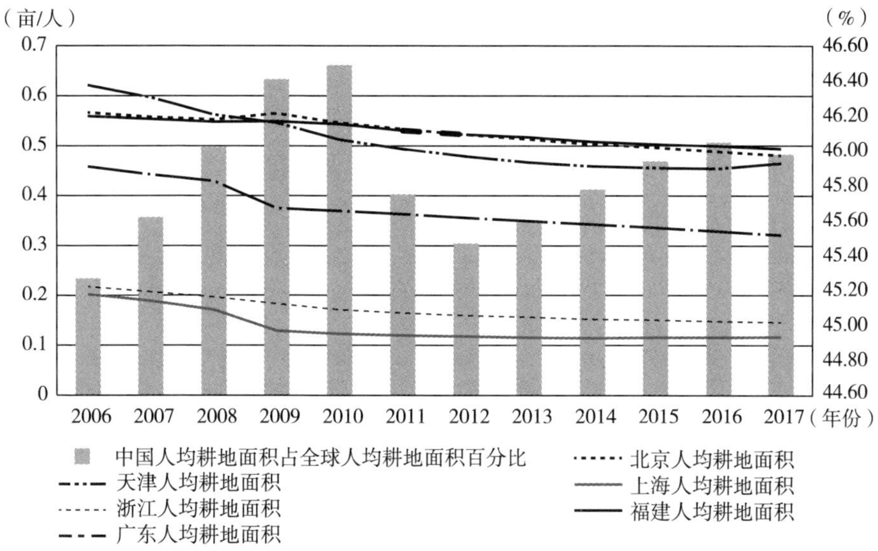

图 1-1　中国人均耕地面积现状

资料来源：CEIC 数据库。

相较于自然条件的约束，粮食安全问题的重大挑战来自城镇化建设导致的耕地非农化、非粮化。城镇化和工业化是现代化的“一轮两翼”，我国人多地少的国情和现代化建设的进程决定了土地供需矛盾还将持续相当长的时间。住房和城乡建设部相关数据显示，2019 年城市建筑面积为 58307.71 平方公里，约是 2002 年的 2.17 倍①。国家统计局统计公报数据显示，2020 年全国国有建设用地供应总量为 65.8 万公顷，比上年增长 5.5%。“三调”结果显示，2019 年末全国建设用地总量为 6.13 亿亩，较“二调”时增加 1.28 亿亩，增幅为 26.5%。以上数据反映出城乡建设仍以外延扩张为主，建设用地占用仍然是耕地减少的主要原因之一。2020 年，党的十九届五中全会通过的《中共中央关于制定国民经济和社会发展第十四个五年规划和二〇三五年远景目标的建议》提出“推进以人为核心的新型城镇化”，要求加快农业转移人口市民化，实现义务教育、医疗卫生、技能培

① 资料来源：CEIC 数据库。

训、社会保障等基本公共服务全覆盖，“十四五”时期常住人口城镇化率提高到65%。另据北京大学光华管理学院光华思想力课题组测算，到2035年，中国城镇化率将达到75%~80%，新增近4亿城镇居民①。第七次全国人口普查数据显示，我国城镇常住人口为90199万人，与第六次人口普查数据相比，我国城镇人口增加了23642万人，城镇人口比重上升了14.21个百分点，乡村人口减少16436万人，城镇化率自2010年以来每年大约提高1.421%，随着这一指标的高速增长，未来会有越来越多的农民变成市民。可以预见，未来15年，中国城镇化仍将快速推进，城镇化与耕地保护之间的矛盾依然尖锐，土地资源的有限性约束愈加凸显。

在推进城镇化建设的进程中，土地高强度利用与浪费现象并存，土地利用效率存在改进的空间。在2021年8月26日国务院第三次全国国土调查领导小组办公室、自然资源部、国家统计局联合举行新闻发布会上，自然资源部副部长表示，从“三调”数据来看，全国城镇用地总规模达1.55亿亩，一些地方存在大量闲置的和低效利用的土地；村庄用地总规模达3.29亿亩，总量较大，布局不尽合理；城乡建设用地盘活利用的潜力较大。首先，城市建设用地需求旺盛，但不乏土地低效利用状态。我国土地城市化速度明显快于人口城市化，建设用地快速增加。其中，独立工矿用地（开发区）和基础设施建设占用大量土地，由于建设用地需求得不到满足，各地违法违规用地现象屡禁不止。尤其是发达地区城市，面临严守耕地“红线”与建设用地扩张的严峻矛盾，如2016年上海城市用地较上年锐减了1002.56平方公里，降低了34.42%；2019年北京城市用地较上年减少了426平方公里（见图1-2），显然城市建设用地面积扩张受到了土地资源有限性的约束，并且日趋严峻。然而，与发达地区建设用地紧张现象相悖的是，许多中小城市出现低密度扩张，存在发展不充分、资源浪费等问题。部分二线城市的平均容积率仅为0.3左右，40%左右的土地为低效利用，更

① 《北大光华刘俏：2035年居民消费率有望提升到60%》，第一财经，https：//www.sohu.com/a/439376992_114986。

有5%左右的土地处于闲置状态①。虽然近年来我国从数量和规模上压缩了不少有名无实的开发区，但有些地方在发展工业园区和开发区时依然存在跑马圈地的行为，土地利用率低下。其次，农村耕地亦是高复种指数与撂荒现象并存。我国耕地的开发利用程度较高，全国的复种指数在198.5%左右②，在当前农业技术水平下，耕种土地的利用程度已经处于较高水平。在城市化快速发展的情况下，农村人口大规模流入城市从事非农产业，部分地区出现了农村土地弃耕、撂荒和粗放经营等现象，“空心村”大量存在。由于农业生产效益比较低、土地资源盘活难等原因，农村土地撂荒问题存在着扩大趋势。

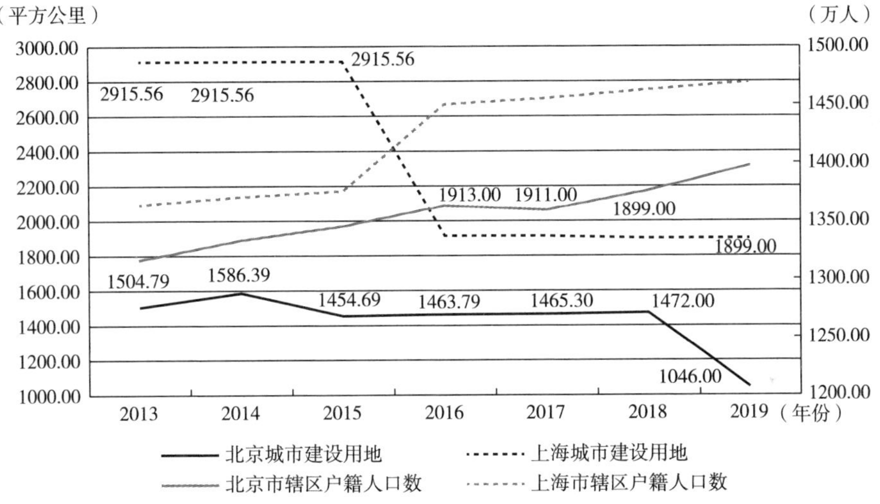

图1-2 北京市、上海市辖区户籍人口数与城市建设用地的变化情况

资料来源：CEIC数据库。

调节耕地保护与城镇化建设用地之间的矛盾，必须做好土地规划，统

① 《湖北省县市级土地整治培训》，https：//www.doc88.com/p-2753872235767.html。

② 陈善毅．我国耕地复种指数继续提高的瓶颈与对策［J］．安徽农业科学，2007，35（21）：6560-6561.

筹调节各地区的土地资源配置，提高土地的利用效率。早在 1997 年，《中共中央 国务院关于进一步加强土地管理切实保护耕地的通知》（中发〔1997〕11 号）就提出了“保持耕地总量动态平衡”的政策，即“建设占用多少耕地，各地人民政府就应补充划入多少数量和质量相当的耕地”。通过耕地占补平衡政策以实现既保护耕地又促进经济发展的目的。2017 年出台的《中共中央 国务院关于加强耕地保护和改进占补平衡的意见》通过“算大账”的方式，落实占一补一、占优补优、占水田补水田，建立了以数量为基础、产能为核心的占补新机制。2020 年 12 月 16~18 日举行的中央经济工作会议指出，2021 年工作的重点任务之一是“要牢牢守住 18 亿亩耕地红线，坚决遏制耕地‘非农化’、防止‘非粮化’，规范耕地占补平衡”。随着耕地占补平衡政策的推广实施和不断探索，耕地调节或交易范围从省内指定的规划区域向省内各市县间拓展，中央及我国各省份都在积极探求提高耕地使用率、建设用地利用率的有效方法和途径。2018 年 3 月 16 日，《国务院办公厅关于印发跨省域补充耕地国家统筹管理办法和城乡建设用地增减挂钩节余指标跨省域调剂管理办法的通知》（国办发〔2018〕16 号）（以下简称《通知》）的颁布表明我国开始探索实施跨省域的耕地占补平衡措施。

（二）致富需要增强“输血”“造血”能力

习近平总书记在我国脱贫攻坚总结表彰大会上指出，脱贫摘帽不是终点，而是新生活、新奋斗的起点。我们要切实做好巩固拓展脱贫攻坚成果同乡村振兴有效衔接各项工作，让脱贫基础更加稳固、成效更可持续。当前，我国正处于巩固拓展脱贫攻坚成果和实施乡村振兴战略的政策叠加期和历史交汇期，实现脱贫攻坚向乡村振兴的平稳过渡仍面临着不少问题：①村与村之间发展不平衡，大多数脱困村地理位置、经济实力等与样板村相比存在较大的差距，实现顺利过渡需要大量的资金投入。②部分地区基础设施发展滞后。一些地区水、路、电、网、讯等基础设施还存在投资不足、资金来源渠道单一、建设质量较差等问题，与全国平均水平相比有很大差距。③特色主导产业规模不够大，财政投入有限，相关资金缺失

或者不到位成为制约产业发展的重要瓶颈。总体来看，推动脱贫攻坚与乡村振兴有效衔接，首要任务是解决资金缺乏问题，仅仅依靠国家财政转移支付并不是长久之计。

首先，部分地区区位、资源、营商环境和农村劳动力素质等相比经济发达地区薄弱，很难吸引资本流入。虽然产业政策给农村带来了一定的资金，但因项目持续盈利能力较差，后期融资成本、人力成本上升，企业投资意愿较低、创新能力受阻，面临无法接续的风险。其次，地区经济落后、投资环境不完善，很难吸引外部资金的大量进入。并且，农村金融业发展相对滞后，金融体系不健全，也导致了部分地区的融资渠道狭窄。而土地作为部分地区相对丰富的资源，是解决发展资金缺乏的关键所在。

二、研究意义

跨省域补充耕地不仅仅是耕地指标的跨省域调剂，更关系着城乡统一建设用地市场目标的实现；它不仅体现了耕地占补平衡政策突破了地理空间的限制，更标志着城乡统一建设用地市场由省份扩大到了全国范围。在经济不断发展的形势下，如何实现最严格的耕地保护制度与市场机制的有效衔接和协调是当代中国土地管理科学研究和实践所面临的一项重大课题，研究建立跨省域补充耕地的交易机制具有重大的理论意义和现实意义。

（一）理论意义

1. 丰富和完善耕地占补平衡政策

首先，跨省域补充耕地是我国耕地占补平衡政策迈出的新的一步，对保护耕地、跨区域配置土地资源、提高土地使用效率起到了关键的作用。但跨省域耕地占补调节方式仍存在着较大的改进空间，如跨省域补充耕地的国家统筹方式主要依赖行政手段调节土地资源，很难达到耕地保护的预期目标，需要改变调配方式，由依靠行政手段为主转为依靠经济手段为主、行政手段为辅，通过市场实现土地资源的优化配置。其次，跨省域补充耕地对交易主体进行了限制，如交易主体不包括自治区，使得土地配置效率受到一定的制约，不利于高效达成耕地保护的预期目标；此外，跨省区收取补充耕地资金虽然体现了一定的合理性，但仍有可能偏离市场价格，或造成一定的“社会效率净损失”。探索建立以市场为主导、经济手段为主要依托的跨省域补充耕地指标交易机制能够弥补现有以行政手段为主的政策的不足，进一步丰富和完善耕地占补平衡政策。

2. 深化土地发展权理论及地价研究

仅仅依靠行政手段很难杜绝滥用占用耕地的现象，为了更好地保护耕地，国内学者开始基于经济手段进行深入研究，从土地发展权的内涵、性质、归属、利益分配到农用地发展权的价格评估和农用地发展权交易机制研究，深化了土地发展权理论并创新了包括耕地在内的农用地保护机制理论。然而，不同学者对农用地发展权的定义有所不同，并且在对跨省域补充耕地指标交易的分析中可以发现，基于不同情况，耕地发展权的内涵是需要有所调整的，如在省内交易背景下，耕地发展权一般包括耕地开垦费、农地非农开发的机会损失补偿、生态环境补偿、耕地占用税、失地农民社会保障费用等，但在跨省域交易背景下，如果将耕地发展权定义为包括上述所有项目的补偿，则对耕地需求方有失公允，或使得耕地需求方放弃交易。

目前，我国的城市地价理论相对完善，而农村地价理论的研究还不够深入；并且耕地价格研究既不同于城市土地价格，也有别于农村的土地价格（如林地、牧草地），它包含的生产风险相对较高，易受气候变化、自然灾害等因素的影响，但目前耕地发展权价格的评估研究并没有考虑风险因素。因此，对跨省域补充耕地指标的定价研究有利于对现有土地价格理论的深化。

（二）实践意义

1. 有利于保证粮食安全

耕地安全是粮食安全的基础。开展耕地保护有利于保证耕地数量和质量，推动改善土壤条件、完善农业设施、提升种植水平，有助于保障口粮安全。而耕地保护具有公共性和外部性，无论是划定永久基本农田、实行高标准农田建设，还是实施耕地地力补贴、耕地质量提升等，这些管控型、激励型、建设型政策的落实都需要政府部门大量的资金投入，这对于资金严重匮乏的欠发达省份来说无疑是一笔沉重的财政负担。但是欠发达省份通过现行的跨省域补充耕地国家统筹方式能够获取的补偿资金，相对于资金需求来说是杯水车薪。建立跨省域补充耕地指标的交易机制，从政府指导价逐渐向市场价过渡，有助于提高欠发达地区的耕地保护补偿标准，使得欠发达省份可以换取更多急需的发展资金，用于扩充耕地和改善农业生产条件，更好地推进耕地保护工作，履行好粮食安全责任。此外，当前耕地保护补偿机制存在利益失衡现象，主要体现为：耕地产权设置淹没了耕地的土地发展权，发展权遭受损失得不到补偿；耕地利益调节机制缺失，常采用行政和法律手段，而忽视具有激励作用的经济手段（马文博，2016）。建立跨省域补充耕地指标的交易机制，能够探索更加公平有效分配耕地利益的方式和途径，更好地达成耕地保护与开发的双赢目标。

2. 促进国民经济的协调发展

长期以来，东部经济发达地区，特别是沿海、辖区面积较小的直辖市往往缺少耕地，个别省份甚至出现了难以足额落实耕地占补平衡的情况，而东北、中西部地区的耕地大省往往缺少资金，且由于经济欠发达、土地利用率较低，土地价值难以实现。跨省域补充耕地有利于发挥经济发达地区和资源丰富地区资金源优势互补，既满足东部发达地区对建设用地的需求，又为欠发达地区提供了大量的发展资金、改善了农业生产条件，有利于推进整体国民经济的协调发展。2016 年 12 月 28 日国土资源部发布的全国耕地后备资源调查评价结果显示，全国耕地后备资源总面积为 8029.15 万亩，但区域分布不均衡。耕地后备资源主要集中在中西部经济欠发达地区，其中黑龙江、河南、甘肃、新疆、云南 5 个省份后备资源面积占全国近一半，而经济发展较快的东部地区 11 个省份耕地后备资源之和仅占全国的 15.4%。全国近期可供开发利用的耕地后备资源面积为 3307.18 万亩，其中，集中连片耕地后备资源仅有 940.26 万亩，东部地区 11 个省份之和仅占 11.7%，每省份平均不足 10 万亩。从全国耕地后备资源调查评价数据来看，经济发达地区耕地后备资源稀缺，优势连片耕地后备资源几近枯竭，在省域内实现占补平衡越来越难。除了缺少后备资源，经济发达地区近年来补充耕地成本也越来越高。而对于耕地后备资源丰富的欠发达地区而言，资金缺乏是制约发展的首要障碍，欠发达地区大多数也将耕地占补平衡，特别是跨省域补充耕地作为突破发展瓶颈、增加财政收入的关键举措，当作统筹推进城乡融合、推动农业现代化、推进乡村振兴、促进农民增收的双赢之道来推进。比如，2018 年《跨省域补充耕地国家统筹管理办法》实施后，黑龙江省被国家纳入首批跨省域补充耕地省份，争取到国家统筹耕地总面积 5.14 万亩，经费 62.3 亿元。在这种发展背景下，要求开放跨省占补平衡限制的呼声越来越高，松绑跨省耕地占补平衡政策成为双方的共同诉求，建立跨省域补充耕地的交易机制成为大势所趋。

研究建立跨省域补充耕地指标交易机制，不仅有助于推进跨省域补充耕地指标交易的进程，实现国民经济协调发展，而且可以通过设计相关的交易保障机制，如“共建园区”来缩小跨省域补充耕地可能引致的省际经济发展差距、减缓人才流失现象。

3. 有助于实现致富的可持续性

跨省域补充耕地对推动脱贫攻坚向乡村振兴平稳过渡有着重要的意义：①耕地保护和城市建设用地之间的矛盾日趋尖锐，欠发达地区有着丰富的土地资源，实施跨省域补充耕地措施能够吸引经济发达地区的资金助力乡村振兴。②跨省域补充耕地能够激励欠发达地区整合土地资源，从根本上解决土地撂荒现象和耕地细碎化问题，实现集中连片规模经营，推进农业现代化进程。③跨省域补充耕地可以倒逼乡村振兴工作要做好土地规划。耕地指标转让带来的收益以及持续增加的建设用地成本会对美丽乡村建设起到助推作用，激励农村对废弃闲置、布局散乱、利用粗放的农村建设用地进行复垦、布局调整和管理，优化城乡建设用地的结构和布局，有效拓展建设空间，为脱贫攻坚向乡村振兴过渡奠定基础。④跨省域补充耕地资金全部用于巩固脱贫攻坚成果和支持实施乡村振兴战略，能够投入产业发展和人力资源培育等领域，提升欠发达地区的“造血”能力。研究建立跨省域耕地指标交易机制，不仅能给乡村振兴注入发展资金，实现增收

的可持续性，也能够通过兜底保障机制，建立发达省份与落后地区的协同发展关系，通过发达省份的经济、技术与智力优势，带动落后地区的产业发展。

4. 提高土地使用效率

2021 年 12 月 21 日，国务院办公厅发布的《要素市场化配置综合改革试点总体方案》要求，进一步提高土地要素配置效率，探索赋予试点地区更大土地配置自主权。允许符合条件的地区探索城乡建设用地增减挂钩节余指标跨省域调剂使用机制。在严格实行耕地占补平衡、确保占一补一的前提下，严格管控补充耕地国家统筹规模，严把补充耕地质量验收关，实现占优补优。严格管控国家统筹规模虽然可以确保守住“18 亿亩耕地红线”，但也在一定程度上制约了土地资源配置效率的提高。从《通知》对国家统筹方式的定义可以看出，在国家统筹模式下，申请补充耕地指标的省份是受到限制的，只包括耕地后备资源严重匮乏的直辖市与部分资源环境条件严重约束、补充耕地能力严重不足的省份，不包括自治区，指标流转使用存在区域局限性。同时，耕地指标交易价格实施政府指导价，而非市场经济定价，交易价格被人为固化，固定的交易价格不能真正反映指标的市场价值，会使转让方与受让方进行溢价牺牲，不利于充分调动市场主体参与的积极性，影响指标的有效配置。建立跨省域补充耕地的交易机制，有助于在耕地指标交易中发挥市场作用，提高资源配置效率，调动参与主体的积极性，实现土地资源的有效配置。

5. 规范城乡建设用地市场

加强土地要素市场化配置，是推进城乡建设用地市场的规范化的关键举措。2020 年 4 月 9 日，中共中央、国务院发布了《关于构建更加完善的要素市场化配置体制机制的意见》（以下简称《意见》），充分释放了国家对推动土地资源市场化配置改革、激活土地资源经济价值的决心，为各地方政府如何构建建设用地市场指明了方向，标志着我国土地要素市场改革进入了实质性阶段。当前城乡建设用地市场最主要的困境在于城乡建设用地的二元体系，无偿划拨使用的国有土地范围过宽，未能纳入市场化配置，而农村集体建设用地入市因缺乏相关的政策配套而难以实现市场化，本次出台的《意见》针对建立健全城乡统一建设用地市场，明确提出要修改土地管理法的实施条例，制定经营性建设用地入市意见，建立入市后的增值收益分配制度，建立公共利益征收相关制度。同时，《意见》还提出探索建立全国性的建设用地、补充耕地指标跨区域交易机制。2021 年 1 月，中共中央办公厅、国务院办公厅印发《建设高标准市场体系行动方案》，要求“改进完善跨省域补充耕地国家统筹机制，稳妥推进补充耕地国家统筹实施。在有条件的地方探索建立省域内跨区域补充耕地指标交易市场，完善交易规则和服务体系”。由此可见，建立跨省域补充耕地指标交易机制是加强土地要素市场化配置，建设高标准土地交易市场体系的重要组成部分。建立跨省域补充耕地指标交易机制，可以进一步完善城乡建设用地交易规则和服务体系，加快推动国有土地和农村集体建设用地的市场化配置进程，消除阻碍要素交易的各种不利因素，促进高标准的土地要素交易市场的形成。

第二节　国内外相关研究综述

一、耕地保护研究

各国对耕地的保护政策受自身资源禀赋及城市化、工业化进程的影响。在西欧国家，城市化、工业化进入成熟期，土地利用状态相对稳定，耕地保护的法律法规比较完善。因此，这些国家更侧重于研究耕地质量的改善，而非耕地数量的保护及其资源的配置（Lori 和 Wesley，2001）。对于地多人少的美国来说，耕地并不是束缚美国农业生产的重要因素，城市扩张不会对全国农地供给数量产生严重威胁，但如果不控制城市规模的发展，优质农地会相应减少，取而代之的是质量相对低劣的农地，会对生态环境产生

较大的冲击，造成美学上的破坏。显然，美国对耕地的保护更多的是出于美学动机①。而人多地少的亚洲面临着人地关系相对紧张的状况，农用地的保护直接关系着国计民生，因此，农用地数量和质量的保护都备受重视。

在推进工业化、城镇化的过程中，各地区都相继出现了农地非农化的现象，并且呈现加速的趋势。但不同地区农地非农化的原因各不相同，如台湾农地非农化是因为放松了对土地的管制，而大陆则是由经济发展的强大需求引致的（曲福田和陈江龙，2001）。虽然城市化带来人口规模的扩张使得农地非农化速度加剧，建设用地面积不断地增加，但建设用地的扩张规模不尽合理，明显超过了人口密度增加的需要，甚至超过了人口密度所需建设用地面积的50%以上（Maxim 和 Naftaly，2002）。为了有效地保护耕地，需要设立农用地保护区（Jeffrey 和 Ralph，1999）或建立长期的农田保护程序（Grace 等，2021），以阻止农用地的非农化。设立农用地保护区或保护农地项目不仅能够阻止农用地的非农化，还能促进城市存量建设用地的集约利用，减少城市土地的闲置，并保持乡村原有的传统风貌特色，保护农用地的生态价值；长期的农田保护程序能够对土地持续开发起到限制作用。

我国早期的耕地保护重点在于完善农田灌溉设施，改善农业生产条件。在应对工业化、城镇化大量占用城市周边耕地，危及国家粮食安全问题时，国务院提出了保护耕地和实现耕地总量动态平衡的目标，强调用地单位必须严格贯彻“耕地占补平衡”措施（陈亚东，2020），坚守18亿亩耕地保护红线。耕地占补平衡政策在一定程度上体现了农用地保护区思想的深化，它不仅要求保持耕地数量上的动态平衡，而且要保证耕地质量的不下降，保护好耕地的生产能力。为了确保耕地保护的效果，学者们纷纷提出了测度和评价耕地保护绩效的方法，如以单位面积的耕地生产力作为测算依据（林培和程烨，2001；刘水杏和曲波，2002；田成敏等，2003），选取排灌设施、田间工程、土层厚度、土壤质量、降水量等耕地要素作为评价指标

① 金晶．快速城镇化进程中的农地非农化问题与政策调控研究［M］．上海：上海三联书店，2016.

（周佳松等，2005；朱伟亚，2005；徐艳等，2005），利用标准样地法对耕地质量等级进行折算（伍育鹏等，2006）；结合粮食安全、经济发展、生态保护等方面建立耕地保护政策的绩效体系（刘维新，2001；史建民，2005；刘新卫和赵崔莉，2009）等。

除此以外，情景模拟法、博弈论模型、主成分分析法、因子分析法、“压力—状态—响应”（Pressure-State-Response，PSR）模型、回归分析等方法也运用到了对耕地保护政策的绩效测评考核中。如吴泽斌（2015）基于“压力—状态—响应”（PSR）模型建立耕地保护政策的绩效评价指标体系，运用TOPSIS法和协调度计算函数建构评价模型对耕地保护政策的绩效进行了综合评价；陈藜藜等（2016）以耕地质量指数为空间变量，运用局部空间自相关分析法分析不同类型耕地质量的空间聚集特征及关联结果；张文斌等（2016）基于AMOS模型及因子分析法分析了差异化的土地价值观对耕地保护的影响程度；杨志华等（2020）采用主成分分析法和最优尺度回归模型分析了农业补贴政策对农户耕地地力保护的影响；王文旭等（2020）通过政策文献计量法和内容分析法探讨了中国耕地保护政策的演进特征和规律，给出了提升耕地保护效率的政策建议。

耕地作为一种重要的资源，不仅具有提供经济产品的功能，还具有社会保障功能和生态环境保护功能（毛良祥，2013）。由于耕地比较利益相对较低，耕地尤其是高质量的耕地数量大幅减少。为了调动农民耕地的积极性，需要建立耕地补偿机制以有效解决耕地的外部性问题。如采用市场价值法、恢复费用法和机会成本法测算耕地资源经济功能、生态功能和社会功能的补偿价值；通过GDP增长提成、机会成本税及市场调节的途径实现耕地外部性的有效补偿。在我国现行耕地保护制度下，不同层级政府之间、政府与用地单位、政府与农民、用地单位与农民之间存在着多重利益博弈冲突，需要化解各利益主体的矛盾才能有效推进耕地保护政策的实施。在人口、社会与经济转型时期，小规模的土地冲突容易恶化成大规模的暴力事件，对经济发展和政治稳定带来巨大破坏[①]。

严格的耕地保护制度并没能起到政策预期的效果，耕地依然在快速减少。虽然国家出台了耕地补偿机制，但仅仅依靠行政手段收效甚微，需要引入市场机制补偿耕地保护的外部性。此外，政府政策也可能会引发地区经济发展差距和地域用地矛盾的差异，如国家不平衡梯度发展战略的实施，东部地区率先获得了发展，而西部地区正处于快速发展阶段时适逢国家实施最严格的耕地保护制度，使得建设用地受限（汪阳洁和张静，2009），经济发展进一步落后于东部地区。跨省域补充耕地的国家统筹方式在平衡各地区的用地矛盾的同时，也有可能进一步加剧经济的发展差距，因此，为了减少行政干预带来的影响，有效地调节土地资源配置并保证耕地保护政策目标的实现，探索耕地指标跨地区的市场化交易势在必行。

二、土地市场研究

土地市场是指土地交易的场所，是土地交易过程中发生的经济关系的总和。由于土地位置固定，发生交易的实际上是依附于土地的各种权利，如土地所有权和土地使用权等（张裕凤，2019）。

我国的土地市场主要由城市土地市场和农村土地市场构成，城市土地市场发展相对完善，而农村土地市场发展不平衡、不规范的问题比较突出，城乡用地市场呈现明显的二元特点。从美国、英国、日本、韩国土地市场制度的变化来看，随着经济水平的提高，城乡土地市场会从相互隔绝向融合发展转变，土地市场与城乡一体化发展存在着双向互动的关系，通过制定法律法规放开土地市场，让城乡土地资源自由流动，有助于解决城乡发展失衡问题（张合林，2019）。目前，我国推进城乡土地市场融合的主要政策措施是建立城乡统一的建设用地市场。城乡统一建设用地市场主要是指农村集体经营性建设用地与城市建设用地市场的统一，而农村宅基地、公益性公共设施用地暂时还未纳入统一市场中。

① 吴泽斌．基于 DMAIC 流程的我国耕地保护利益冲突管理研究［M］．北京：经济科学出版社，2015.

经过多年发展，构建省级的统一农村土地交易市场已成为业界共识。但是，农村土地交易市场尚处于建设期和培育期，存在许多亟须改进的问题，如大多数交易机构的数据信息披露不充分、农村土地产权改革落实困难、进场交易比例低、宣传工作滞后、主管部门多元、交易机构重建设轻运营等。此外，农村土地市场的社会化服务还处于起步阶段，服务能力相对薄弱、各平台服务能力参差不齐，非专业但具有农地交易信息的综合网站以交易工业用地及其建筑信息为主、提供农地流转信息为辅，亟须加强政府政策引导，实现政府公益性平台和社会资本的经营性平台相结合、审批服务和运营服务相协调，以促进农村土地交易市场的进一步完善。

Ibrahim 等（2018）在对比尼日利亚奥约州农村土地市场的分析中发现，除了直接出售模式外，土地需求均高于土地供应。而土地价格、出身、非农工作和拥有的土地规模等因素对土地供应有着正向的影响。显然，相对于直接出售模式，租赁、质押、直接出售和公共农地等几种模式市场化程度相对较低，意味着人为制定土地交易价格，即降低了市场化程度有可能使得土地需求与土地供给的“供需差距”进一步扩大。并且人为制定土地价格往往低于市场价格，从而使得土地供应减少。因此，需要提高土地交易的市场化程度，或需要定期引入适当的土地治理结构，否则会导致土地市场不完善和扭曲（Nirmal，2016）。但是，在土地市场治理结构中，政府的双层垄断性使得无序的、价格机制扭曲的、畸形发育的土地隐形市场由此滋生（罗湖平，2018）。

如何在市场“看不见的手”和政府“看得见的手”之间寻求平衡点显得尤为重要。相对完善的土地交易市场的基本框架包括政府调控、价格机制和保证制度，政府的调控能够保障土地制度的贯彻和土地交易的落实，但过度干预易造成土地资源配置效率的低下，而市场均衡下的价格则使得资源配置效率更高；制度是确保土地交易公正性、公平性以及公开性的重要前提。政府调控、价格机制和保证制度三者之间的良性互动有助于发展和完善土地交易市场（陈刚，2016）。学者们对土地市场的研究为本书构建跨省域补充耕地指标交易机制框架提供了宝贵的经验。

三、土地定价方法研究

价格是市场中最重要的因素，它反映了商品的价值和市场的供求情况。土地作为一种无法移动的实物资产，其交易频率很低，流动性远不及金融资产或其他商品市场；并且土地的交易成本非常高，不仅包括交易的税费，还包括了前期的考察评估费用等，如果单独依靠市场供求关系来决定土地价格，可能无法真实地反映土地的价值。而行政指令价格则容易受主观因素或者权力寻租影响，易偏离土地该有的价值。因此，无论是行政调剂还是市场交易，要实现土地资源的有效配置都离不开对土地价值的准确估算。

马克思认为土地价格是地租资本化的表现，马歇尔于 1980 年提出的收益法也体现了这一思想，该方法将未来地租折合成土地现值，适用于在正常条件下有客观收益且土地纯收益较容易测算的农用地价格评估。除了收益法之外，我国现行的农用地估价方法还包括市场比较法、成本逼近法、剩余法、评分估价法和基准地价修正法，不同的评估方法适用的场合不同（详见《农用地估价规程》（GB/T 28406-2012））。收益法虽然考虑了资金的时间价值和风险结构，但却假定未来的现金流是确定的，无法对不确定性和延迟性进行准确估值，定价结果相对偏低（艾强，2016）。市场比较法评估农用地价值，与市场行情最为接近，但其要求必须有先行的市场交易案例做比较，易受区位因素影响，使得市场不发达地区的土地价值评估受到限制（傅青山和孔维东，2005；管紫晶，2018），因此，在交易量较少的农用地价值评估上，尤其是落后地区的农用地价值评估上缺乏具体的可操作性。成本逼近法评估步骤繁多，易受评估人员主观因素影响，也不能完全反映土地的真实价格（管紫晶，2018），而只能作为测算农用地流转价格的一个参考（刘丽佳，2018）。

为了提高农用地估值方法的准确性，不少学者纷纷将各种可能影响土地价格的因素纳入估值公式中，或将各种方法相结合进行估算。如徐海燕（2019）同时选用成本法和剩余法构建节余指标价格测算模型；白新华（2017）将农业资本价格、粮食安全稳定成本、社会保障成本和生态环境维护成本纳入农用地价格进行考虑；穆松林等（2011）构建了一个包含经济价格、社会价格和修正价格的农地使用权价格模型。这些方法将农民收益、生态环境纳入了考虑范围，具有一定的研究价值。但从土地价值估算的准确性来看，这些研究带来的只是估值量上的改变，并没有实现估值方法上的质的突破。

反观国外农用地价值评估可以发现，继收益法评估之后，更多的研究聚焦于农用地发展权上。农用地发展权是指土地用途由农用地转为建设用地时获取经济利益的权利，它起源于 20 世纪 50 年代，由英国率先创设。1948 年，英国的《城乡规划法》规定：一切私有土地将来的发展权归为国家所有，土地变更为非农建设用地之前，必须向政府购买农用地发展权。与英国的农用地发展权归属国家所有不同，美国的农用地发展权归农用地所有者所有。美国设立土地发展权的目的是为了保护耕地和生态环境，它由政府出资购买并发放价款。政府购买发展权后，该农地不再变更为非农建设用地，除非土地所有者向政府买回其农用地发展权。显然，这时的农用地价值评估已经不局限于土地的价值评估。它体现的不仅仅是土地产值的折算或地租的资本化，它本质上是土地使用权从土地上的剥离，标志着土地的交易已经突破了物理层面的桎梏，演变为了土地权益的交易。

虽然《农用地估价规程》（GB/T 28406-2012）给出了多种农用地估价方法，但当面临农用地非农转换时，农用地发展权显得尤为重要。此时，包括剩余法、评分估价法、基准地价修正法等方法在内的农用地附加方法显然都缺乏对农用地发展权的考虑。关于我国农用地发展权的归属问题仍存在争议，农用地发展权应归属于国家还是农村集体所有，需要进一步明确权责归属。设立农用地发展权制度是保护耕地、协调全国土地利用、保护农民利益、促进土地规模经营的迫切需要（沈守愚，1998）。

我国推进跨省域补充耕地政策的实施，意味着原本只能在同一地块上进行的使用权限变更，如今可以实现物理上的跨越，它不仅是耕地指标的空间转移，更是城乡建设用地指标挂钩的跨省域调剂，是统一城乡建设用地市场在全国范围的探索尝试。同时也意味着土地发展权突破了某一省份内的经济发展制约，获得了更广阔的发展空间。因此，在跨省域补充耕地中，不应再依据农用地估价方法来评估耕地价值，而应该纳入农用地发展权，尤其考虑是跨地块跨区域的空间发展权转移，才能做到科学评估耕地指标的价值。

农用地发展权的未来价值具有不确定性，土地开发中具有明显的实物期权特征，在农用耕地转换成城镇用地的过程中，农用耕地价值会随着期权价值的升水而相应提高（Capozza 和 Sick，1994），而传统的土地市场定价方法并没有考虑风险与隐含期权对价格的作用（Turvey，2002）。随着研究的推进，土地实物期权方法逐渐成为国外土地定价中应用最广泛的方法之一。

土地实物期权符合欧式期权还是美式期权，学者们持不同观点。刘亚男（2015）认为土地是指只能在规定时间内被开发的欧式期权，其行权时间被固定，从而忽略了土地所有者灵活自主选择开发时间时所能获得的价值。徐爽和李宏瑾（2007）则认为土地更符合美式期权的特点，他们以房屋价格为标的资产，计算与房屋价格相匹配的土地的内在价值。土地期权定价模型经历了早期的两阶段二叉树离散模型及 B-S 连续期权定价模型，随着期权理论研究的不断深入，土地用途转换决策中的土地期权价值逐渐引起了研究者们的关注。这类期权又被称为转换期权，早期主要集中在农业用地转变为城市用地的研究上，由于转变前后土地收益差异很大，一般将农地收益租金看成固定量来简化模型分析。这一类研究以 Capozza 和 Sick（1994）为代表，其将资本资产定价模型引入土地的期权价值模型构建中，判断市场不确定性对城市边界变化的影响，以开发密度为不确定性指标建立了土地开发决策模型，发现开发密度和项目价值、开发时机有着密切的联系，最优化开发密度会提高项目价值，延迟土地的开发时机。Schatzki（2003）研究了农业用地向林地转换的问题，通过建立包含收益不确定性变量和沉没成本在内的土地用途转换实物期权模型，发现当土地所有可能用途对应的收益不确定性提高时，土地所有者转换决策的可能性大大降低，而当林地和农用地的收益不确定性变量的相关性下降时，也会促使转换决策推迟。此外，其研究还发现土地转换期权价值占土地总价值的7%~81%。

后期替代期权价值研究被引入到与公共政策相关的土地用途转换分析中。Michi（2012）通过对农用地进行实物期权评估来研究农用地转为非农用地的决策过程，研究发现，很小的土地转换概率会大大增加土地价值，使得农用地所有者放弃耕种土地，而与土地转换预期的哪怕很小的差距也会使得农用地所有者不愿意将土地出售或出租给更有效率的农民。Luca等（2013）分析了不确定性环境下土地用途转换决策的特征，发现不确定性变量短期内会推迟土地用途转换。

上述研究表明，由于土地交易频率低及交易成本的存在，土地市场可能存在一定的信息不对称或者垄断性质，不确定性因素对土地用途转换的影响较大，在土地用途转换中计算对应的期权价值可以提高人们种植的积极性。因此，要使得跨省域补充耕地指标交易价格能够实现保护耕地、为落后地区融资、提升土地效率的政策目的，需要避免市场垄断性质或信息不对称性的干扰，制定土地基准价或指导价；而土地基准价或指导价需要考虑土地发展权、外部性、风险等不确定性因素。

四、土地交易风险研究

土地交易虽然能够使土地资源得到优化配置，但在实际操作过程中也会面临着各种风险。国内学者对土地交易风险的研究主要集中在土地流转风险和地票交易风险上。

土地流转方式不同，则面临的风险大小不一。入股的风险最大，互换的风险次之，转包的风险最小；入股风险涉及风险种类较多，包括失地失利风险、经济受损风险和社会风险；互换、转让、转包多以口头协议或非正式合同为主，易引发纠纷；出租土地受租赁方生产经营管理的影响，效益缺乏保障（廖宏斌，2015）。土地流转会给各个主体带来不同的风险，如小规模经营者失去了土地保障，即使在城镇就业也并不能减缓他们的焦虑；承包大户面临农业经营的自然风险和市场风险；村委会需要应对管理风险，防止违法转租转包、虚报经营面积、使用违禁农药等各种道德风险的发生

（黄忠怀和邱佳敏，2016）。对于失地农民来说，土地不仅具备生产功能，也是重要的生活保障。为避免有限的土地补偿金短期内被“坐吃山空”，需要运用市场机制，积极探索经营土地补偿金的路子，建立土地补偿的长效机制，确保失地农民永久受益（崔智敏，2007）；或实施土地换保障的制度，将失地农民纳入社会保障体系（李春晖，2020），关注非农就业的质量、强化非农就业的稳定性（许庆和陆钰凤，2018），以解决失地农民的后顾之忧。

而跨城乡的地票交易容易产生工农业发展差别定位上的收益差距。对于农村地区来说，土地的利用用途严格限制在了边际收益相对较低的农业生产上，如果大范围地推广城乡土地地票交易可能会导致城乡区域间经济发展的“马太效应”（张鹏和刘春鑫，2010）。地票本身价值与农民拥有的土地价值并不相同，无论是从政策设计上还是在实际操作中，土地复垦所带来的收益并不可能对农民生活质量产生实质性变化（梁小青，2011），重庆地票交易制度收益分配不均（尹珂和肖轶，2011；吴巍，2016；谭新龙，2010），对农民及农村支持力度有限（黄忠，2019），农民获益低容易使其耕地积极性受挫、耕地质量变差等（吴巍，2016），而导致粮食安全面临风险。

在测度土地交易风险时，层次分析法和模糊评价法较为常见。陈晓军等（2012）采用文献研究、社会调查和政策比较（DSP 制度风险研究技术体系）对地票交易制度的风险进行识别并筛选出主要风险，然后构建地票制度风险评估指标体系，采用层次分析法通过专家评分的方式来计算风险因素权重，建立模糊综合评价模型对重庆地票制度的系统风险进行评价；蒋萍（2012）、钟杨（2012）运用头脑风暴法、德尔菲法及 DSP 制度风险研究技术体系定性识别地票交易制度的风险，然后采用层次分析法、模糊分析法和综合评价法对风险进行了定量评估。也有通过对比来分析土地交易风险，如吴琨（2011）将地票风险分为横向和纵向进行对比分析。其中，横向风险包括各利益主体的收益分配机制、寻租以及对地票指标的影响，纵向风险分析指制度设计存在的缺陷。蔡成凤（2014）对比分析了重庆、安徽、江苏等不同省份的地票交易制度，发现指标交易存在耕地占补不对等、指标交易公众参与性不高、收益分配机制不够顺畅等风险。杨惠和张燕萍（2013）对比分析成都、重庆建设用地指标交易制度，指出两地的交易制度存在农民权益保护被漠视、权利主体角色定位模糊、土地可持续利用被忽略等风险问题。

农业是典型的风险型产业。跨省域补充耕地意味着耕地供给方除了要面临上述土地交易风险外，还要面临着耕地面积扩大带来的农业风险的增加，包括不可预测的水灾、蝗灾、海啸等，以及地域性和季节性的生产条件限制等。我国的农业经营规模小，交易信息不充分，面临的风险相对较大。农业保险作为农业风险的转嫁机制，是农业实现持续发展的必要条件和根本保障。但由于其面临的逆向选择和道德风险偏高，一般的商业保险公司并不愿意经营（张团因和郭洪渊，2013）。因此，建立跨省域补充耕地需要重视农业风险的规避与化解，以保障农民的收益以及保持其从事农业生产的积极性。

第三节　研究思路、方法及创新之处

一、研究思路和技术路线

本书首先介绍了跨省域补充耕地指标交易的研究背景及研究意义，综述了国内外关于耕地保护、土地市场、土地定价方法、土地交易风险管理的研究现状。在此基础上通过供给—需求理论、经济外部性等角度分析了跨省域补充耕地指标交易面临的困境；运用对比分析法比较跨省域补充耕地指标交易与集体建设用地交易的异同，分析各地区集体建设用地交易的特点；通过总结集体建设用地交易的经验，建立跨省域补充耕地指标交易的指导原则；以博弈论、供求理论、生产理论为基础对耕地发展权定价进

行了理论研究和实证研究，构建了供求机制；以保护耕地、平衡省际收入差距为目标，采用多指标综合评价方法建立跨省域补充耕地指标交易的保障机制，基于政府调控、价格机制和保证制度探索跨省域补充耕地的交易机制设计问题，本书的技术路线如图 1-3 所示。

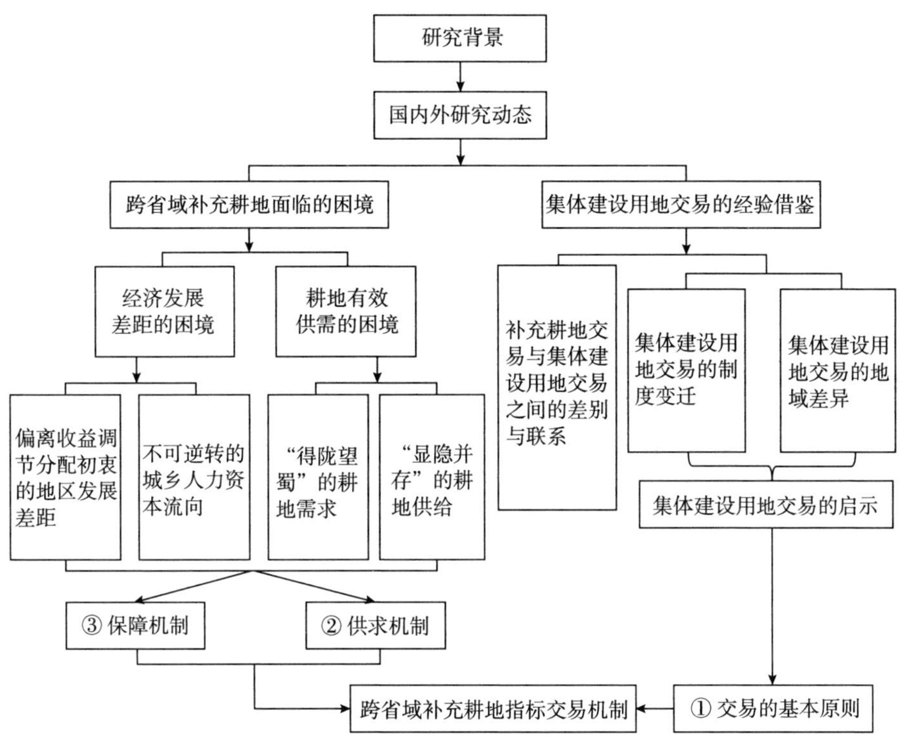

图 1-3　本书的技术路线

二、研究内容和方法

（一）研究内容

1. 本书架构

本书共包括四大部分：

第一部分为第一章绪论，主要包含选题背景、研究意义、国内外相关研究综述以及本书的研究思路、研究方法以及主要创新点。

第二部分为第二章和第三章，是本书的理论和实践基础。①第二章定性分析了跨省域补充耕地指标交易可能面临的困境，包括省际经济发展差距扩大、落后地区人力资本外流、定价偏低导致的耕地指标需求远大于耕地指标供给等；并根据交易面临的困境提出建立跨省域补充耕地指标交易机制的必要性、存在的风险及政府调控的重点。②第三章介绍了现行的集体建设用地交易的制度变迁、各地区交易模式的差异，比较跨省域补充耕地与集体建设用地交易的异同，以期从集体建设用地交易机制中总结经验，为建立跨省域补充耕地指标交易提供借鉴。

第三部分为第四章至第六章，包括整个跨省域补充耕地指标交易机制的主体架构。①第四章制定跨省域补充耕地市场交易的基本原则，包括两个“导向”、三条“底线”和四大“融合”原则，为建立跨省域补充耕地的交易机制指明了方向。②第五章通过博弈论分析交易双方以及监管机构的行为，寻找能够使各方利益最大化的土地定价模型，并将农业风险纳入定价模型中，通过土地定价模型建立土地交易的基准价。③第六章探索建立交易的保障机制，试图通过共建园区来化解跨省域补充耕地指标交易的困境，确保在以市场为主导、政府引导的相对自由交易情况下，能够避免省际经济发展差距扩大等问题出现。

第四部分为第七章，是全书的主要结论和对未来研究的展望。

2. 拟解决的问题

从国内外的研究中可以发现，严格的耕地保护制度并没有能起到政策预期的效果，仅仅依靠行政手段收效甚微，需要探索推进耕地指标跨地区的市场化交易。我国土地市场尚处于建设期和培育期，存在着许多亟须改进的问题，提高土地交易的市场化程度，需要引入适当的土地市场治理结构以缓解土地市场不完善和扭曲。但是，在土地市场治理结构中，政府的双层垄断性使得无序的、价格机制扭曲的、畸形发育的土地隐形市场由此滋生，需要建立政府调控、价格机制和保证制度三者之间的良性互动来发展和完善土地交易市场。建立跨省域补充耕地指标交易机制需要明确政府调控的着眼点、价格机制是否完全市场化、需要完善哪些保障措施来推进市场化等。

为此，本书力图分析研究以下问题：

问题 1：跨省域补充耕地有可能面临什么样的困境？

问题 2：类似的交易市场是如何形成的？有什么可以借鉴的成功经验？

问题 3：跨省域补充耕地指标交易机制的框架是什么？怎么建？

（二）研究方法

1. 文献研究法

目前我国关于跨省域补充耕地指标交易研究的文献资料甚少，而集体建设用地交易、省内耕地指标交易方面的理论研究相对深入和广泛。本书主要通过收集、阅读和总结国内外可能涉及的与跨省域补充耕地指标交易机制相关的土地市场、土地定价、土地风险管理、交易机制方面的书籍、杂志、报纸和文献，参考集体建设用地交易、省内耕地指标交易等已有的相关研究成果，在此基础上对建立跨省域补充耕地指标交易机制进行一定的探索和创新。

2. 比较研究法

比较研究法是对两个或两个以上有关联事物的相似性或差异程度进行研究与判断的方法，通过比较研究法可以探求事物之间的普遍规律与特殊性。本书比较了补充耕地交易与集体建设交易的差别与相同点、纵向比较了集体建设用地交易制度的变迁特点、横向对比分析集体建设用地交易的地域差异，进而获得我国建立跨省域补充耕地指标交易机制的启示。

3. 比较静态分析法

比较静态分析是经济模型中常使用的一种分析方法，尤其是在供求理论的分析中，比较静态分析不可或缺。它主要研究在其他条件保持不变的情况下，某一个外生变量变化时对内生变量的影响情况。本书采用比较静态分析法分析了跨省域补充耕地面临的耕地有效供需困境，详细刻画了需求曲线变动时，土地价格和供给量的相应变化，借以考察政府垄断下的挤出效应；描绘了边际社会收益曲线变动时，所带来的消费者剩余、生产者剩余及社会效率的变化。

4. 定量分析与定性分析法

本书对跨省域补充耕地指标交易面临的困境、集体建设用地交易经验借鉴等基本理论问题采用的是定性的分析方法；基于博弈论知识，绘制补充耕地交易主体面临的成本与收益图，并通过数学推导耕地指标供给方的利益最大化行为，综合运用了定性分析与定量分析法；在此基础上，对技术风险测算、耕地发展权定价则采用了定量分析法。

三、本书创新之处

1. 制度上的创新

土地是农业生产的第一要素，突破资源约束首先要提高土地的利用效率。从制度层面来看，通过制度设计促进生产要素的合理流动和优化配置是提高土地利用效率的可行选择（聂英和聂鑫宇，2018）。目前我国跨省域补充耕地采取的是国家统筹模式，要提高土地的利用效率，解决用地矛盾，需要对交易制度进行合理的设计。当前，土地市场交易机制的研究主要涉及交易定价、市场规则、交易风险规避等，并没有建立完整的交易机制。本书根据省内耕地交易的现状以及集体建设用地交易经验构建起跨省域补充耕地指标交易机制的架构。通过对耕地交易可能出现的困境进行深入分析，对集体建设用地交易的制度变革及各地区交易实践差异情况进行比较和借鉴，总结出相对完善的跨省域补充耕地指标交易机制结构框架，并有针对性地提出了跨省域补充耕地指标交易的完善途径，包括：①在交易量小、市场活跃度低的情况下，克服了土地垄断性质的不可或缺的耕地指标定价模型。②在政府统筹引致价格偏离实际需求的情况下，建立市场主导、政府引导的原则。③针对经济发展差距扩大、人口外流问题而提出的各项交易基本原则以及交易保障机制。本书对于跨省域补充耕地指标交易机制的构建不局限于耕地直接交易本身，而是努力推动政府调控、价格机制和保证制度三者之间的良性互动来完善跨省域补充耕地指标交易机制。

2. 理论上的创新

运用供给需求理论剖析了跨省域补充耕地引起的政府挤出效应、外部效应变化及其影响；运用效用最大化分析供求双方的行为，得出土地定价应以补偿土地发展权为基准；在论述技术效率测度农业生产风险合理性的过程中，尝试借鉴生产扩展线的推导过程，建立农业生产风险的微观理论基础；提出建立“共建园区”的交易保障机制，包括定点粮仓工程建设、人力资源协同开发等。有感于广东农民参与南海股利分红源于其优越的地理位置，结合跨省域补充耕地突破地理限制的创新尝试，希望通过“共建园区”使落后地区能够突破地理界线的限制，从园区中间接分享区位优势的“外溢”，从而缩小省际间的经济发展差距。

3. 实证上的创新

在土地发展权定价的基础上将农业生产风险纳入模型中，分析了技术效率测度农业风险的合理性，并构建了面板空间随机前沿模型和一般随机前沿模型进行对比分析，提升技术效率估计的正确性；运用泰尔指数将“共建园区”协同发展省际差距分解为省际间差异和省域内差异，更好地测度及对比省际间的实际差异。

第二章　跨省域补充耕地面临的困境

我国跨省域补充耕地政策是在充分认识耕地保护重要性的基础之上，综合考虑工业化、城镇化以及农业现代化协调发展的需求制定的。保持耕地总量占补平衡是跨省域补充耕地政策的核心指导思想，其目标是通过地区间的要素优势互补，推进工业化、城镇化、农业现代化进程，实现区域平衡发展。推进跨省域补充耕地的市场化进程，需要分析掌握跨省域补充耕地可能面临的困境，做好防范及保障措施，以确保政府转换职能后，依然能够很好地推进政策的实施，确保政策目标的落实。

第一节　经济发展差距的困境

一、偏离收益调节分配初衷的地区发展差距

《通知》指明了跨省域补充耕地是为了“运用经济手段约束耕地占用，发挥经济发达地区和资源丰富地区资金资源互补优势，建立收益调节分配机制”①，然而，跨省域补充耕地却有可能加剧省际间的发展差距，使得政

① 《国务院办公厅关于印发跨省域补充耕地国家统筹管理办法和城乡建设用地增减挂钩节余指标跨省域调剂管理办法的通知》（国办发〔2018〕16号）。

策效果偏离收益调节分配初衷。

马克思认为土地本身没有价值，土地的价格是资本化的地租。地租按其产生的原因和条件，可以划分为绝对地租和级差地租。绝对地租是租种任何土地都必须缴纳的地租，级差地租是由于土地肥沃程度不同和距离市场远近不同而形成的地租。级差地租的存在表明（持续增加投资带来的）生产率提高、区位优势较好的地段，其土地出让价格更高。因此，土地规划用途不同、区位优势不同，相应的土地增值收益存在着显著的差别。

在土地规划用途上，建设用地的级差地租明显高于耕地的级差地租；在区位优势上，东部地区具备有利的区域位置，级差地租相对高于中西部地区。如图 2-1 所示，各省份按建设用地/耕地面积比例大小从左到右依次递减排列，可以发现，排在左边的省份大多属于东部地区，如上海、天津、广东、浙江等省份，其建设用地面积/耕地面积的比例明显高于中西部地区；建设用地/耕地面积与人均 GDP 大致呈正向变动的关系（除了早期参与城乡建设用地流转试点的湖北、江苏、山东、浙江、重庆等省份），即土地规划用于耕地的占比越大，该省份的经济发展水平则相对越低。因此，在跨省域补充耕地过程中，落实国家补充耕地任务意味着土地失去“建设用地”用途，而获得“耕地”用途，落实国家补充耕地任务的省份可能会面临人均 GDP 相对落后的困境。

从时间纵向来看，经济发展差距具有“马太效应”，随着土地区位优势的不断积累，地区间的差距会逐步拉大（见图 2-2）。这些差距也有可能同时来自于建设用地划入后所引起的产业结构调整。相应地，居民收入结构占比也会发生改变，收入来源的结构更多元化，而落实补充耕地任务省份的村民只能获得务农收入，从而加剧城乡及地区贫富差距①，政策效果偏离收益调节分配初衷。

① 李杰．供给侧改革视域下我国农村集体建设用地入市风险及其防范研究［M］．成都：四川大学出版社，2019.

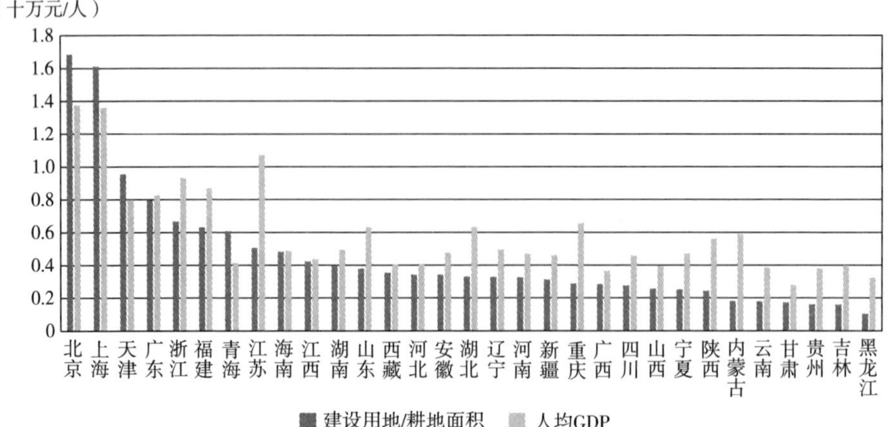

图 2-1　2017 年各省份土地用途与地区经济之间的横向差异

资料来源：CEIC 数据库。

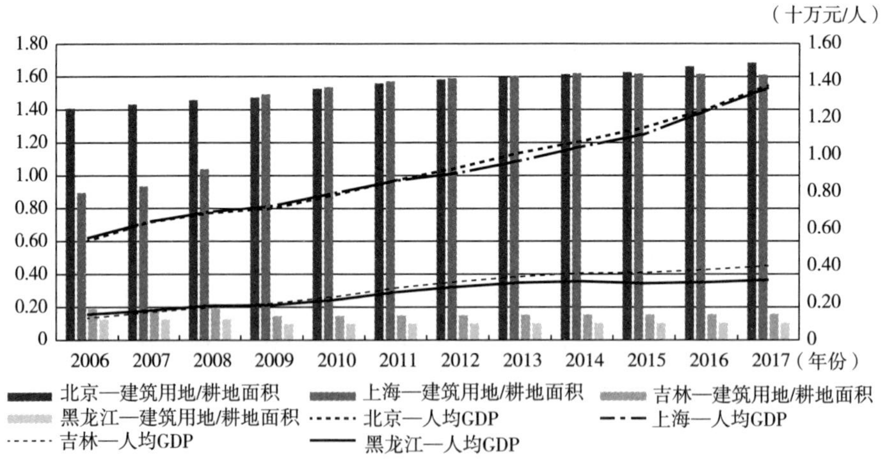

图 2-2　土地用途差异与人均 GDP 的动态变化

资料来源：CEIC 数据库。

随着补充耕地调剂范围由省内向省际扩展，经济发展相对落后的地区，其建设用地指标转移到了经济发达地区，发达地区土地区位优势的外溢效应更加明显，土地用途差异带来的地区间经济发展差距也将会更加凸显。

在国家现行的统筹调剂的交易模式下，承担补充耕地任务的省份无法获取自己的“生产者剩余”（亦地租），可能会进一步加剧地区间的发展差距。《通知》第八条规定了补充耕地的省、直辖市所需缴纳的资金收取标准，即：（基准价+产能价）×省份调节系数。因为省份调节系数的存在，同一亩耕地指标划拨给不同的省份，收取的费用不同。按照资金收取标准，假设某旱地产能为500公斤/亩，其划拨给北京、上海时，所收取的资金标准为基准价10万元/亩、产能价2万元/亩百公斤、省份调节系数为2，即（10+2×5）×2=40万元/亩，而划拨给重庆、四川、云南、贵州、青海、甘肃、陕西等省份时，省份调节系数降为0.5，即资金收取标准为（10+2×5）×0.5=10万元/亩。省份调节系数的变化使得重庆、四川等地缴纳的资金标准相对北京、上海减少了30万元/亩。当申请补充耕地的省份为重庆等地时，30万元/亩的“生产者剩余”直接转化成了“消费者剩余”，从而拉开了承担补充耕地任务的省份和申请补充耕地省份的经济差距。

《通知》第十五条明确规定了中央拨付给补充耕地省份的经费为“耕地每亩5万元（其中水田每亩10万元）”加上“补充耕地标准粮食产能每亩每百公斤1万元”，说明不管交易的对象是哪个省份，补充耕地省份所获得的经费实际上只等于重庆、四川、贵州、云南、陕西、甘肃、青海等省份支付的补充耕地费用，其他补充耕地省份交易所产生的“生产者剩余”，如北京、上海的“剩余”30万元/亩，划归中央财政统一安排使用，省份调节系数的大小其实与承担补充耕地任务的省份所得经费并不相关。

值得注意的是，中央政府需要统筹全国的发展，兼顾其他欠发达地区的经济状况。故中央参与收益分配的份额最后落在承担补充耕地任务省份的概率微乎其微，承担补充耕地任务的省份，其“生产者剩余”部分转移到了其他省市。

从短期来看，承担补充耕地任务的省份获得了发展所需的资金，有助于实现向乡村振兴的平稳过渡。但从长期观察，它丧失的不仅仅是土地的发展权，而且还丧失了累积区域发展优势的机会。不仅在国家统筹模式下会出现经济发展差距与收益调节分配相悖的情况，在市场机制下，用地指标也极易向“出价高”的地区及收益高的“建筑用地”类型转移，经济越发达的地区获得“建设用地”土地发展权利的可能性越大，地区间的经济发展差距同样面临着扩大的趋势。

二、不可逆转的城乡人力资本流向

人力资本积累是推进农业现代化、加快地区经济发展的基石。曾经各省份对户籍制度的限制虽然使得进城务工的农民无法获得与城市劳动力同等的福利待遇，但农村劳动力向城市及发达地区流动的趋势并没有因此改变。随着以人为核心的新型城镇化的推进，农业转移人口可以平等享受市民待遇，有能力在城镇稳定就业和生活的常住人口开始有序实现市民化，这使得落后地区、农村地区的人力资本进一步流入发达地区和城镇，从而使得地区间的人力资本积累的差距增大，进一步加大地区间的经济发展差距。

2021 年 5 月 11 日，第七次全国人口普查主要数据发布会上，国家统计局局长宁吉喆答记者问时提到：从流向来看，人口持续向沿江、沿海地区和内地城区集聚，长三角、珠三角、成渝城市群的人口集聚度增加。从表 2-1 中可以看出，第七次人口普查数据中上海、江苏、浙江、广东等省份的人口比重变化为正值，尤其是江苏、浙江、广东的人口比重变化与第六次人口普查数据相比，呈递增趋势。其中，浙江省人口比重变化由 0. 37%增至 0. 51%，广东省人口比重变化由 0. 96%增至 1. 14%。

表 2-1 各省份人口情况 单位：人，%

省份	人口数	比重			人口数	比重		
		2000 年	2010 年	变化		2010 年	2020 年	变化
北京	19612368	1. 09	1. 46	0. 37	21893095	1. 46	1. 55	0. 09
天津	12938224	0. 79	0. 97	0. 18	13866009	0. 97	0. 98	0. 01
河北	71854202	5. 33	5. 36	0. 03	74610235	5. 36	5. 28	-0. 08
山西	35712111	2. 60	2. 67	0. 07	34915616	2. 67	2. 47	-0. 20

续表

省份	人口数	比重			人口数	比重		
		2000 年	2010 年	变化		2010 年	2020 年	变化
内蒙古	24706321	1.88	1.84	-0.04	24049155	1.84	1.70	-0.14
辽宁	43746323	3.35	3.27	-0.08	42591407	3.27	3.02	-0.25
吉林	27462297	2.16	2.05	-0.11	24073453	2.05	1.71	-0.34
黑龙江	38312224	2.91	2.86	-0.05	31850088	2.86	2.26	-0.60
上海	23019148	1.32	1.72	0.40	24870895	1.72	1.76	0.04
江苏	78659903	5.88	5.87	-0.01	84748016	5.87	6.00	0.13
浙江	54426891	3.69	4.06	0.37	64567588	4.06	4.57	0.51
安徽	59500510	4.73	4.44	-0.29	61027171	4.44	4.32	-0.12
福建	36894216	2.74	2.75	0.01	41540086	2.75	2.94	0.19
江西	44567475	3.27	3.33	0.06	45188635	3.33	3.20	-0.13
山东	95793065	7.17	7.15	-0.02	101527453	7.15	7.19	0.04
河南	94023567	7.31	7.02	-0.29	99365519	7.02	7.04	0.02
湖北	57237740	4.76	4.27	-0.49	57752557	4.27	4.09	-0.18
湖南	65683722	5.09	4.90	-0.19	66444864	4.90	4.71	-0.19
广东	104303132	6.83	7.79	0.96	126012510	7.79	8.93	1.14
广西	46026629	3.55	3.44	-0.11	50176804	3.44	3.55	0.11
海南	8671518	0.62	0.65	0.03	10081232	0.65	0.71	0.06
重庆	28846170	2.44	2.15	-0.29	32054159	2.15	2.27	0.12
四川	80418200	6.58	6.00	-0.58	83674866	6.00	5.93	-0.07
贵州	34746468	2.78	2.59	-0.19	38562148	2.59	2.73	0.14
云南	45966239	3.39	3.43	0.04	47209277	3.43	3.34	-0.09
西藏	3002166	0.21	0.22	0.01	3648100	0.22	0.26	0.04
陕西	37327378	2.85	2.79	-0.06	39528999	2.79	2.80	0.01
甘肃	25575254	2.02	1.91	-0.11	25019831	1.91	1.77	-0.14
青海	5626722	0.41	0.42	0.01	5923957	0.42	0.42	0.00
宁夏	6301350	0.44	0.47	0.03	7202654	0.47	0.51	0.04
新疆	21813334	1.52	1.63	0.11	25852345	1.63	1.83	0.20

资料来源：国家统计局第六次、第七次人口普查公报。

国家统计局副局长李晓超也指出，2020 年流向城镇的人口比重高达 88.12%。其中，从乡村流向城镇的人口较 2010 年增加了 1.06 亿人，东部地区吸纳跨省流动人口远高于其他地区，占比高达 73.54%。

从表 2-2 中也可以发现类似的人口流动特点，即人口流入的省份多为东部沿海省份，如广东、上海、浙江、福建等省份，迁移率均为负值；而人口流出的省份多分布于中西部地区，如贵州、广西、安徽、江西等省份，迁移率为正值，并且 1995~2000 年的迁移率远高于 1985~1990 年。虽然脱贫攻坚取得全面胜利以后，部分乡村户籍人口在城镇落户的意愿相对下降，使得有些地区出现了少数逆城市化的人口回流，如表 2-2 中的新疆、西藏（新疆的迁移率由-0.4 变为-5.3，西藏的迁移率由 2.3 变成-1.4），但人口流向发达地区和城市的总体趋势并没有改变。从迁移人口的年龄和受教育程度来看，青年劳动力、教育水平高的群体流动概率更高（严善平，2020），这意味着发展相对落后的地区损失的人力资本相对较多。更严峻的是，乡村教师队伍极不稳定，农村教师的流失和短缺使得城乡教育资源的差距仍在持续扩大。

表 2-2 居住地与 5 年常住地不同的省际迁移人口的总量和迁移率①

单位：万人，%

	1985~1990 年				1995~2000 年			
	流入总数	流出总数	纯迁移数	迁移率	流入总数	流出总数	纯迁移数	迁移率
广东	116	25	-91	-1.5	1211	46	-1165	-13.7
北京	66	12	-54	-5.0	199	18	-181	-13.3
上海	66	15	-51	-3.8	229	17	-212	-12.9
新疆	34	27	-7	-0.4	120	23	-97	-5.3
天津	31	9	-22	-2.5	52	11	-41	-4.1
浙江	32	63	31	0.7	286	102	-184	-4.0
福建	29	23	-6	-0.2	142	66	-76	-2.2

① 严善平．中国省际人口流动的机制研究［J］．中国人口科学，2007（01）：72.

续表

	1985～1990年				1995～2000年			
	流入总数	流出总数	纯迁移数	迁移率	流入总数	流出总数	纯迁移数	迁移率
西藏	0	5	5	2.3	7	4	-3	-1.4
海南	13	11	-2	-0.4	23	14	-9	-1.2
江苏	84	59	-25	-0.4	201	131	-70	-1.0
辽宁	52	27	-25	-0.6	80	40	-40	-0.9
云南	23	27	4	0.1	77	42	-35	-0.8
宁夏	8	6	-2	-0.4	14	9	-5	-0.8
山西	27	23	-4	-0.1	40	35	-5	-0.2
山东	61	52	-9	-0.1	95	92	-3	0.0
河北	47	67	20	0.3	81	92	11	0.2
内蒙古	24	28	4	0.2	34	46	12	0.5
陕西	30	33	3	0.1	45	76	31	0.9
青海	10	10	0	-0.1	8	13	5	1.0
吉林	25	35	10	0.4	27	56	29	1.1
甘肃	16	27	11	0.5	21	59	38	1.5
黑龙江	33	59	26	0.7	32	99	67	1.9
河南	49	58	9	0.1	49	243	194	2.1
重庆	—	—	0	0.0	47	116	69	2.3
湖北	41	35	-6	-0.1	64	233	169	2.8
贵州	20	31	11	0.3	28	130	102	2.9
广西	16	55	39	0.9	30	193	163	3.7
安徽	34	54	20	0.3	33	305	272	4.6
湖南	25	50	25	0.4	38	343	305	4.8
四川	44	129	85	0.8	62	463	401	4.9
江西	23	28	5	0.1	25	282	257	6.4
合计	1081	1081	—	—	3400	3400	—	—
离散系数	1	1	0	—	2	1	—	—

不可否认的是，农村劳动力进城务工可以为家乡农业的发展增加资本投入，但随着农业转移人口市民化政策的推行，以及农村宅基地使用权登

记的逐步完善，劳动力举家迁移的数量可能会明显增长，从而使得农业资本投入减少。目前，省内流动人口（即近距离人口流动）比跨省流动人口增长快，约2/3的流动人口选择在省内近距离流动。但随着跨省域耕地指标的流转，跨省流动人口的增长速度可能会有所增加，地区间的人力资本差距、经济发展差距可能会更加凸显。

从表2-2的历史数据到最新统计数据的长时间跨度表明，城乡人力资本流向具有长期固定性，并不是短期形成的，它在一定程度上很难逆转。各国城乡劳动力市场融合的基本规律表明，要促进劳动力在城乡之间、产业之间的自由流动，需要实施对农业倾斜的政策，以工哺农、以城哺乡，实现城乡协调发展（甘春华，2020）。面对不可逆转的城乡人力资本流向，承担跨省域补充耕地任务的省份如果没有做好用地规划、产业规划，不能及时地培养本土化农业人才，则很有可能面临耕地撂荒加剧的现象，使得自身的经济发展受阻，地区间的经济发展差距进一步增大。

第二节 “耕地”有效供需的困境

本书所提及的“耕地”有效供需指的是耕地指标的有效供给与需求。由于国家“耕地占补平衡”政策的约束，各地区的用地规划必须严格限制在既定的建设用地指标和耕地指标范围内。工业化、城镇化引致的激增的建设用地需求，使得发达地区迫切需要购买耕地指标，将自己落实耕地的任务转移给耕地指标出让方，从而将本省的耕地使用权转化为建设用地使用权。这里以及本书后续所提及的耕地需求方指耕地指标需求方，即申请补充耕地的省份，主要是发达地区；耕地供给方指耕地指标出让方，即承担落实补充耕地任务的省份，一般多为经济相对落后、土地资源较为丰富的地区。

一、"得陇望蜀"的"耕地"需求

（一）获取地租差额

在马克思的地租理论中，土地使用者交给土地所有者的超过平均利润以上的剩余价值称为地租，它包括级差地租、绝对地租、垄断地租等。其中，级差地租可分为级差地租Ⅰ和级差地租Ⅱ，它主要源于土地经营权的垄断。地租可以看成是一种经济剩余，即总收益减去总成本的差额（罗湖平，2018）。

发达城市由于公共设施相对完善、交通更为便利等因素，不仅建设用地价格高，其周边的耕地价格也随之升高，与落后地区相比，省际间的建设用地价格和耕地价格都存在着较大差距，价格差形成的地租使得耕地需求者"得陇望蜀"，偏离实际需求；《通知》中的补偿标准与发达地区的地价相比，价格相对偏低，从而使耕地需求者上报比实际需要更多的"耕地指标"；此外，"耕地"市场并非完全竞争市场，由于交易金额较大，具有实力的竞争者相对较少，市场具有一定的垄断性质。市场垄断导致价格偏低，并且落后地区急需资金发展乡村建设，在价格形成上缺乏话语权，因此，较低的耕地价格使得需求相应增加。

（二）公益取向异变

《通知》指明了申请补充耕地的限制条件包括"由于实施重大建设项目造成补充耕地缺口"，并且规定"对国家重大公益性建设项目，可按规定适当降低收取标准"。由于对重大建设项目和国家公益性建设项目的界定并不十分清晰，在实际操作中易引发管制主体追寻自身利益最大化目标，而产生公益取向异变。诸如地方政府以实施重大建设项目之名申报占用耕地指标以获取地租；以国家重大公益性建设项目为名申请补充耕地从而缩减用地成本；隐瞒本省的建设用地信息、未充分利用闲置或低效率建设用地，转而向国家申报公益性建设用地，以节约用地成本等，公益取向异变使得耕地需求方提出的用地需求往往大于实际所需。

在建设用地增值收益的诱使下，地方政府公益取向异变的道德风险随之增大，背离了中央政府通过限制土地用途保护耕地的初衷，“国家重大公益性建设项目适当降低收费标准”的规定则可能加剧这个背离风险。建设用地纳入低成本的“公共利益”征地范围的结果是，土地资源配置的机会成本得不到真实的反映。我国不少企业的竞争力不是来自于企业自身的技术创新和产业集聚，而是来自于较低的土地成本，即使依靠优惠的招商引资也没有成为创新的动力，土地的低效率使用损害了经济发展的集聚效应（王雨濛，2013）。跨省域补充耕地若发生公益取向异变，则发达地区的经济发展建立于落后地区的低廉的土地成本之上，以牺牲落后地区的发展机会为代价提高发达地区的竞争力，加大了省际间的发展差距。

二、“显隐并存”的“耕地”供给

土地隐形交易是指违反国家法律、法规，以隐蔽形式进行土地所有权或使用权交易的活动（叶玉国，1992；赵森和何远山，1995；孙玉奎，1992），这些交易行为往往受利益机制驱动。土地隐形交易活动的总和构成了土地隐形市场。根据土地类型的不同，农村集体土地隐形市场可以划分为农用地隐形市场、农村集体建设用地隐形市场和农村未利用地隐形市场（罗湖平和谢炳庚，2017）。因利益的驱使，部分农用地非农化，与农村未利用地一起，都可能转换为农村集体建设用地隐形市场上的供给增量。由于地方政府的垄断势力和不完善的耕地补偿机制，隐形市场上的“建设用地”供给量并未转化成显形市场上有效的“耕地指标”供给，跨省域补充耕地的“耕地指标”有效供给量明显低于实际供给量。

（一）政府垄断下的挤出效应

在我国土地市场上，政府具有双层垄断结构（罗湖平，2018）：一是具有土地征购市场上的买方垄断地位，能够决定土地的征购价格，支付较低的购买成本；二是具有土地一级市场上的卖方垄断优势，能够抬高价格，获得更多的收益。政府的双层垄断地位催生了土地隐形市场上的供给与需求，从而形成了与土地显形市场并行的“土地隐形市场”。在跨省域补充耕地指标交易过程中，既定的价格如果低于市场价格，耕地供给方的利益被

“侵蚀”，就会使部分供给量被“挤出”显形市场，转移到隐形市场。

如图 2-3 所示，在不完全的土地要素市场上，p（q）为土地要素的价格函数，土地供给曲线 $S_1=p(q)$，买方垄断下存在正的交易成本，相应的供给曲线应该向左移动，位于虚线 S_2 处；土地需求曲线为边际收益产品曲线 $MPR=MR\times MP=[p'(q)q+p(q)]q'$，此时的均衡点为 E_1，对应供给量为 q_1，由于政府具有买方垄断地位，它可以选择按要素供给曲线 $S_1=p(q)$ 定价，要素购买价格为 p_1，低于均衡点 E_1 对应的价格。相较于供给曲线 S_1 与需求曲线 D_1 的交点，政府垄断地位挤出了 Δq_1 交易量转入土地隐形市场。

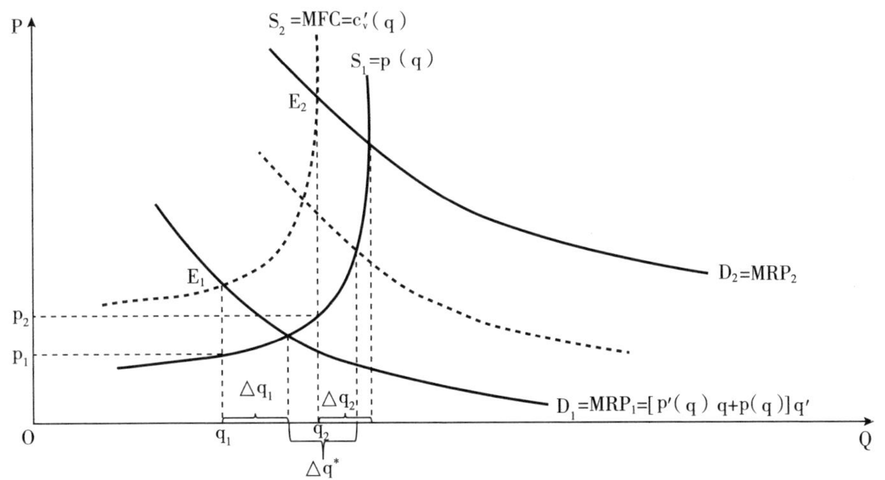

图 2-3 政府买方垄断地位的“挤出效应”

因为购买“耕地指标”后，可以将耕地转化为建设用地，相应的“耕地指标”价值增加，即边际收益 MR 增加，使得需求曲线 MRP 向右移动，土地价格和供给量随之增加，需求曲线 $D_1=MRP_1$ 右移至虚线处（见图 2-3）。但由于经济发展相对落后地区缺乏耕地开垦、复垦资金和（企业投资项目等引致的）实际建设用地需求，所以土地用途变化只构成潜在的需求，并没有形成实际需求（所以用虚线表示）。另外，由于土地用途管制，如限定建设用地指标额度，使得显形的需求减少，则 Δq^* 里有一部分多出的潜在需求可能转为隐形市场上的农地非农化交易。

跨省域补充耕地政策实施后，由于开垦（复垦）资金的流入和对建设用地需求的增加，这部分潜在需求变成了实际需求，并且由于发达地区存在区位优势，边际收益 MR 增加，加上发达地区用地矛盾相对尖锐，对建设用地的需求增加幅度较大，使得需求曲线继续向右移动至 D_2 曲线位置。然而，受土地供给有限性的影响，虽然需求增加幅度较大，但交易量增长幅度较小，价格涨幅相对较高。此时的均衡点为 E_2，对应的供给量为 q_2，价格依旧受政府垄断地位影响，按要素供给曲线 $S_1 = p（q）$ 定价，降至 p_2。政府垄断地位使得跨省域补充耕地的有效供给减少了 Δq_2，挤出 Δq_2 交易量转入土地隐形市场。

土地财政作为政府的第二财政，其占土地资产增值收益分配的份额越大，挤出效应越大，使得土地隐形市场与显形市场胶着存在。隐形市场中各利益主体追寻自身收益最大化，易产生各种权属利益纠纷，扰乱农村集体建设用地市场，它的存在造成土地利用的失序，价格机制扭曲，弱化了政府土地规划实施的效果，增加了政府管理和调控土地市场的成本。出于经济利益动因，土地私下交易有可能突破耕地保护规定，随意将耕地出让、转让出租用于非农建设，危及国家粮食安全。

（二）不完善的耕地补偿机制

耕地保护具有外部性效益，耕地不仅包括了经济价值，还包括了社会价值和生态价值，其经济价值在政府垄断下相应减少，而社会价值和生态价值又很难体现在耕地价格上，补偿机制的不完善严重制约了耕地保护主体的积极性，降低了对耕地投资的力度，导致耕地质量的下降，易出现耕地粗放型利用和撂荒现象，或者出现耕地的非农化，使得“耕地指标”的有效供给相对减少。虽然我国实施了最严格的耕地保护制度，但仍然没有遏制耕地的撂荒现象和非农化趋势，需要采取激励措施对耕地保护主体进行补偿，坚持约束和激励并重，才有可能调动个人保护耕地的积极性，降低耕地非农化的速度，确保“耕地指标”的供给数量和供给质量。目前，

我国实施的粮食补贴政策数额还相对偏低，产生的激励效果有限，需要进一步完善耕地补偿机制，通过市场主导、政府引导，才能确保基本农田总量不减少、用途不改变、质量有所提高（毛良祥，2013）。

为了更好地分析外部经济对耕地带来的影响，图 2-4 不考虑政府买方垄断地位，即不存在供给曲线的变动。需求曲线 MPB（Marginal Private Benifit）表示边际私人收益，MSB（Marginal Social Benifit）表示边际社会收益，因为耕地保护存在正的外部效应，故 MSB>MPB；供给曲线 MPC（Marginal Private Cost）表示边际私人成本，它等于边际社会成本 MSC（Marginal Social Cost）。

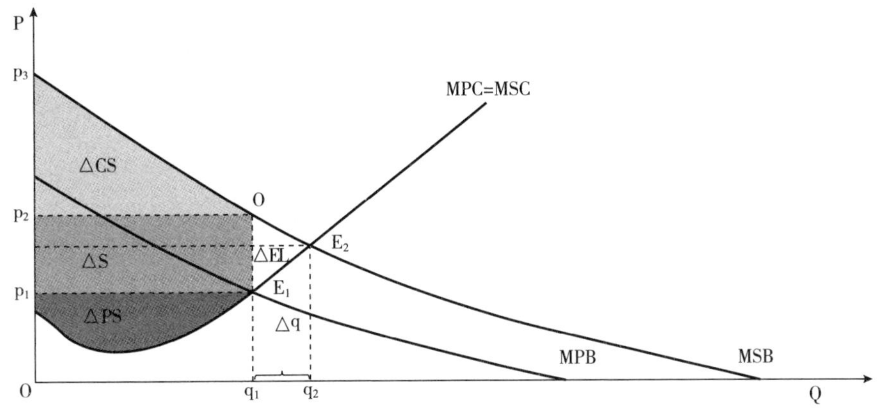

图 2-4　耕地的外部经济分析

由于耕地保护行为所产生的外部收益没有得到有效的补偿，按均衡点 E_1 处对应的价格 p_1 而非 p_2 进行交易，供给量 Δq 可能存在撂荒现象或转入隐形交易市场，耕地保护的外部经济促使了耕地的“隐形”供给与显形供给胶着并存。

并且，从耕地的生产者（所有者）剩余来看，外部经济未得到补偿时，生产者只获得了图 2-4 中 ΔPS（Producer Surplus）图形面积表示的生产者剩余，在现有交易量 q_1 下损失的生产者剩余 ΔS（矩形面积）转到了买方，使得买方的消费者剩余增多，由三角形 P_3P_2O 的面积 ΔCS（Consumer Surplus），增至三角形 P_3P_2O 的面积加上矩形面积 ΔS，$\Delta P_3P_2O+\Delta S>\Delta PS$，加大了收入差距，并造成了三角形面积 ΔEL（Efficiency Loss）的效率损失。

当面对跨省域补充耕地指标交易时，对于耕地指标供给方（耕地保护方）而言，意味着将未利用的土地资源开垦为耕地，耕地面积增大，外部效应增多，相应的边际社会收益曲线 MSB 向右移动至 MSB^1（见图 2-5）。此时，由于外部经济未得到补偿，生产者剩余 ΔPS 保持不变，而消费者剩余则由原本的三角形 P_3P_2O 的面积和矩形面积 ΔS 两部分组成，增加到了三角形面积 ΔCS、矩形面积 ΔS 和矩形面积 ΔS^1 三部分组成，其中，ΔCS 的大小与曲线 MSB^1 的斜率和平移的幅度呈正向变动关系，为简化起见，令图 2-5 中曲线 MSB^1 的斜率保持不变（即与曲线 MSB 斜率相等），故 ΔCS 等于三角形 P_3P_2O 的面积；而 ΔS 的大小与曲线 MSB^1 平移的幅度呈正向变动关系，为简化起见，将图 2-5 中曲线 MSB^1 平移至使其均衡点 E_3 对应的价格正好等于 p_2 的位置，此时 ΔS 保持不变；故与省内耕地补充交易相比，跨省域补充耕地指标交易使得耕地指标供给方的外部正效应增大，生产者剩余保持不变，消费者剩余增加了 $(\Delta CS+\Delta S+\Delta S^1)$ －（三角形 P_3P_2O 面积$+\Delta S$）$\Rightarrow$ $(\Delta CS+\Delta S+\Delta S^1)-(\Delta CS+\Delta S)$，即增加了 ΔS^1，收入差距进一步扩大。相应地，$\Delta q+\Delta q^1>\Delta q$，撂荒现象可能进一步恶化或更多耕地供给转入隐形交易市场，显形市场上的有效供给明显减少。社会效率损失由 ΔEL 扩大到了三角形 AE_1E_3 的面积大小。

在现行的耕地价格机制和收益分配机制下，耕地指标供给方获得的耕地“生产者剩余”、农民获得的收益份额都相对偏低，由政府调节或公开交易的耕地供给量明显低于实际供给量，隐形市场长期存在。由于大部分生产者剩余转为耕地需求方所有，易造成经济发展差距扩大；而土地增值收益分配时，政府获得相对较多的收益，刺激地方政府以地生财的行为。因此，需要对耕地交易进行市场化改革。但也需要警惕全方位的市场化可能导致的更为严重的农地非农化行为，避免过度的耕地损失危及国家粮食安全和生态安全。

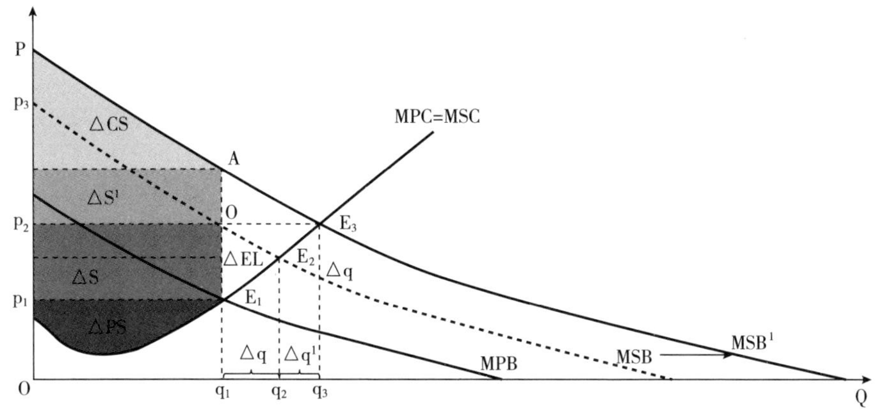

图 2-5　跨省域补充耕地引起的外部效应变化及其影响

第三节　对困境的思考与启示

跨省域补充耕地面临的困境主要有两个：一是可能会面临省际间不断扩大的经济发展差距；二是实际的供给需求产生了偏离，需求过大而供给过小。

为了缩小省际发展差距，引导人力资本双向流动，需要地方政府提前做好城乡发展规划、产业发展规划以及人力资源培养计划等。然而，对于耕地供给方而言，其从耕地交易中获取的补偿杯水车薪，单纯依靠提高耕地交易的经济补偿显然并不能从根本上解决后期面临的省际经济发展差距扩大的问题。而且，由耕地指标交易引致的省际发展差距扩大的马太效应、不可逆转的城乡人力资本流向，除了中央政府要负起统筹协调职责之外，耕地指标需求方作为受益者，也有义务带动落后地区经济的发展，承担起缩小省际经济发展差距的重任。

在跨省域补充耕地国家统筹的情况下，无法反映真实的耕地指标市场供需状况，容易导致价格失真、市场失灵，耕地指标供给方获得的耕地“生产者剩余”、农民获得的收益份额相对偏低、交易的耕地供给量明显低于实际供给量等现象，不利于调动交易主体参与的积极性，不利于推动耕地指标资源的有效配置。

针对上述两个困境，需要对耕地指标交易进行市场化改革，关键就是建立相对完善的跨省域补充耕地指标交易机制，推动政府调控、价格机制和监管制度三者之间的良性互动，推动耕地指标受让双方的多方位合作交流，建立健全更为合理、更可持续的协同发展机制，加快推进区域差距、城乡差距、收入差距问题的解决。需要深刻认识市场与政府的关系定位，推进耕地交易市场化改革，调动市场主体参与的积极性，探索建立耕地交易指标一级市场，推动指标资源的有效配置；同时做好政府职能转变，更好地发挥政府的主体引导作用，建立好防范化解风险的交易保障制度，将各个利益主体的矛盾消解于未然，使省际间能够达成双赢的良性互动，建立健全交易监管机制，确保耕地占补平衡不是玩“数字游戏”。

第三章　集体建设用地交易的经验借鉴

为了避免陷入困境，建立相对完善的跨省域补充耕地指标交易机制，需要从历史中吸取经验。由于“耕地指标”与“建设用地指标”密切相关，获取“耕地指标”意味着获得了建设用地的使用权。因此，分析我国集体建设用地交易市场，可以从中吸取构建跨省域补充耕地指标交易机制的经验。

长期以来，我国在土地二元所有制上一直实行着城乡有别的建设用地制度，城市建设用地须使用国有土地。集体土地只有先转化为国有土地才能作为城市建设用地。随着市场经济的发展，国有土地的价值日益得到体现，而农村集体建设用地却因双轨制的存在，入市迟缓。从经济发展的客观要求来看，实现城乡建设用地市场接轨已成为我国土地改革的首要任务。本章通过分析补充耕地交易与集体建设用地交易之间的异同，总结集体建设用地的交易制度变迁和各地区交易模式的成功经验，为“耕地占补”市场实现跨省域的推进提供借鉴。

第一节　补充耕地与集体建设用地交易的关系

一、交易之间的差别

（一）交易标的不同

补充耕地交易的标的是“耕地指标”，与其相挂钩的实体是耕地。根据

《土地利用现状分类》（GB/T 21010-2007）对耕地的定义，“耕地是指种植农作物的土地，包括熟地，新开发、复垦、整理地，休闲地（含轮歇地、轮作地），包括水田、水浇地、旱地”。耕地是最宝贵的农业资源，是第一产业最重要的生产要素，它的产量易受气候、土壤质量的影响。

集体建设用地交易的标的是“集体建设用地使用权”或“建设用地指标”，与其相挂钩的实体是集体建设用地。“集体建设用地指乡（镇）村集体经济组织和农村个人投资或集资，进行各项非农业建设所使用的土地。它包括宅基地、公益性公共设施用地和经营性用地”①。与耕地不同，建设用地与第二产业的关系更为紧密，它的好坏与土壤质量没有直接关系。集体建设用地的用途及经济价值受地理位置、地缘环境的影响较大，周边的设施配套情况直接影响它的开发成本及经济效益。

（二）囊括范围不同

集体建设用地交易的本质是建设用地使用权的流转，主要包括两个层面的交易：一是集体建设用地流转。它的使用权流转仅涉及一个地块，即农民集体经济组织将某一建设用地地块的集体建设使用权通过出租、转让、折价入股等方式让渡给其他单位或个人的行为（江华和杨秀琴，2011）。二是城乡建设用地增减指标挂钩交易。即城镇建设用地增加与农村建设用地减少相挂钩，它的使用权流转一般涉及两个地块，农村集体建设用地的使用权让渡给城镇时，意味着农村集体建设用地使用权转为耕地使用权，而城镇耕地使用权转为建设用地使用权，两个地块的使用权同时逆向变更。

补充耕地交易指的是耕地增减指标挂钩交易，它的流转一般涉及两个地块：一个地区的耕地指标的增加意味着另一个地区耕地指标的减少，对应其集体建设用地指标的减少及另一个地区建设用地指标的增加，其囊括的内容范围相对小于集体建设用地交易。

（三）成本收益不同

补充耕地交易虽然是涉及两个地区的耕地指标的交易，实则隐含了农

① 百度百科：https：//baike. baidu. com/item/%E9%9B%86%E4%BD%93%E5%BB%BA%E8%AE%BE%E7%94%A8%E5%9C%B0/10440350？fr=aladdin。

村集体建设用地使用权的让渡，与城乡建设用地增减指标挂钩交易密切相关，但又略有差异，主要体现在交易成本上。从《通知》的内容可以看出，补充耕地是交易新开垦的土地或耕地后备资源，而城乡建设用地增减挂钩节余指标需要先将集体建设用地拆旧复垦为耕地，成本不仅涉及耕地开垦费，还包括居民的搬迁安置费用、建筑物的拆除费用等，其交易成本必然远远高于补充耕地的交易成本。

土地用途不同，收益也不同。建设用地经济效益普遍高于耕地（对于部分落后地区而言，由于基础设施不完善，二三产业发展相对滞后，可能存在建设用地经济效益低于现行的耕地补偿价格的情形），较高的经济效益提高了交易者对未来收益的期望，必然使得交易成本增加。虽然补充耕地交易也隐含了建设用地发展权的交易，但明面上还只是耕地指标的交易，隐性的土地发展权并不一定能够得到补偿。

二、交易之间的联系

（一）交易目的相同

补充耕地交易与集体建设用地交易的目的都是为了提高土地的利用效率，既解决城镇化、工业化过程中的用地矛盾，调节提高城乡土地利用率，也能够通过整合土地资源，从根本上解决耕地细碎化问题，实现集中连片规模经营，推进农业现代化进程。

（二）利益主体一致

当交易局限于省内范围时，补充耕地交易和集体建设用地交易的利益主体均涉及地方政府、企业、农民、村集体等；当交易跨省域进行时，无论是跨省域补充耕地，还是城乡建设用地增减挂钩节余指标跨省域调剂或交易，与省内交易时相比，它们的利益主体依然包括地方政府、企业、农民、村集体等，只是参与的利益主体的数目相对增加。

（三）产域范围类似

集体建设用地交易不仅意味着建设用地使用权在城乡、省际间的流转，同时也意味着发展权在农业和二三产业之间的转移。补充耕地虽然交易的是耕地指标，但耕地指标的增加意味着建设用地指标的减少，补充耕地交易同样也蕴含了耕地指标在城乡与省际、农业与二三产业之间的转移，两个交易都涉及了城市与乡村地域、农业和二三产业范围，都需要促进城乡融合发展与产业融合发展。

（四）流转方式相仿

补充耕地交易和集体建设用地交易主要涉及土地使用权的流转。土地使用权流转是以出租、转让、入股等方式将土地让予他人使用的行为，它改变了土地的用途，使农用地转化为建设用地（江华和杨秀琴，2011）。集体建设用地交易经历了从相对简单的单一地块使用权流转到两个地块之间的使用权流转。耕地交易也经历了类似的流转过程，从单一的耕地出租、转让等方式流转耕地使用权，扩展到补充耕地交易的跨地区使用权流转。

耕地占补平衡政策的出台，将补充耕地和集体建设用地交易两者紧密地结合在一起。建设占用多少耕地，各地人民政府就应补充划入多少数量和质量相当的耕地，使得补充耕地与集体建设用地交易在很多方面存在着相通性。

第二节　集体建设用地交易的制度变迁

一、计划经济体制下的土地交易限制

中华人民共和国成立初期，我国还是一个经济落后的农业大国，以传统农业为主，全国约有 87%的人口在农村，而工业就业人口比重不足10%[①]。1950 年 6 月 30 日颁布的《中华人民共和国土地改革法》规定，“实行农民土地所有制”“土地改革完成后，由人民政府发给土地所有证，并承

① 国史讲堂．新中国 70 年经济建设成就．人民网-中国共产党新闻网，http：//dangshi. people. com. cn/n1/2019/1010/c85037-31392522. html。

认一切土地所有者自由经营、买卖及出租其土地的权利”。但因城市工业发展基础薄弱、乡村工业尚未起步，已有建设用地存量基本可以满足工业发展的需求，因此，尚未形成建设用地自由贸易的供需主体。

随着国民经济的恢复，我国转入大规模经济建设时期，开始走优先发展重工业的社会主义工业化道路。社会主义工业化的资本积累往往需要从农业中提取，而分散、脆弱的农业个体经济既不能满足工业发展对农产品的需求，又有两极分化的危险，只有互助合作才能发展生产，实现共同富裕。1953 年，中共中央颁布了《关于农业生产互助合作的决议》和《关于发展农业生产合作社的决议》，引导农民参加农业生产合作社，走集体化和共同富裕社会主义道路。1962 年，中共中央颁布了《农村人民公社工作条例修正草案》，规定“生产队范围内的土地，都归生产队所有。生产队所有的土地，包括社员的自留地、自留山、宅基地等，一律不准出租和买卖”“生产队所有的土地，不经过县级以上人民委员会的审查和批准，任何单位和个人都不得占用”农民自由买卖土地的权利逐渐被取缔，农民土地所有制开始向集体所有制转变。由于农民缺乏土地排他的使用权、收益的独享权和自由的处置权，土地（包括建设用地）由公社进行统一规划、生产和管理，缺乏自由买卖的制度支持。

二、市场经济体制下的土地交易管控

20 世纪 80 年代，我国由计划经济逐步向市场经济过渡，经济建设高速发展，无论是城市扩张还是农村建房，都需要大量的土地资源。由于在改革开放初期，我国没有一部统一完整的土地管理基本法，导致大量占用耕地、滥用土地的现象非常突出。直到 1986 年，《土地管理法》出台，明确规定“任何单位和个人不得侵占、买卖、出租或者以其他形式非法转让土地”。

虽然《土地管理法》的颁布在一定程度上遏制了占用耕地、滥用土地的行为，但也限制了我国工业化、城镇化的发展。1987 年 12 月，深圳特区率先进行了土地使用权有偿转让试点，推进了我国国有土地有偿使用制度的建立。随后，我国的《宪法修正案》和《土地管理法修订案》都表明了“土地使用权可以依法转让”。这些修订有效地推动了土地使用权市场的形成，顺应了经济发展的需要。

与国有土地管理稍有不同，人多地少的基本国情使得我国必须加强对农村集体所有土地的管理，以确保国家粮食安全。1992 年，《国务院关于发展房地产业若干问题的通知》，明确规定“集体所有土地，必须先行征用转为国有土地后才能出让”；1998 年《土地管理法》要求“任何单位和个人进行建设，需要使用土地的，必须依法申请使用国有土地”“农民集体所有的土地使用权不得出租、转让或者出租用于非农业建设”，并强调“十分珍惜、合理利用和切实保护耕地是我国的基本国策”。

与耕地保护相对应，农村宅基地在此时也是禁止买卖的。强化对宅基地的管理、对失地农民进行妥善安置和补偿，有助于保障农民的收入、安居、养老等基本权益，维护社会的稳定。1999 年 5 月，国务院办公厅《关于加强土地转让管理严禁炒卖土地的通知》（国办发〔1999〕39 号）规定，“农民住宅不得向城市居民出售，也不得批准城市居民占用农民集体土地建住宅，有关部门不得为违法建造和购买的住宅发放土地使用权证和房产证”。2004 年，《土地管理法》把国家“征用”全部修改为“征收”，并提出国家征收应“给予补偿”。

三、城乡统一建设用地市场的建立

相较于国有建设用地使用权的市场化改革进程，农村集体建设用地使用权市场流转的限制较多。城乡土地的二元结构及其市场化程度的差异不仅制约了农民土地财产权益的实现，不利于乡村的振兴，而且还诱导国有土地对集体土地的不断蚕食，异化了征收范围，有损宪法和法律的权威，亟待改革的深化。此外，在城镇化快速发展的背景下，大量农村人口向城镇转移，出现了城市建设用地紧缺与农村建设用地闲置并存的情况。许多城镇的城郊接合部出现了土地隐性流转现象，使得农村集体建设用地入市的改革迫在眉睫。

随着集体建设用地使用权流转试点工作在芜湖、苏州、湖州、南海、安阳等地相继展开，我国陆续出台了集体建设用地有偿使用及流转的相关试行办法。《国务院关于深化改革严格土地管理的决定》（国发〔2004〕28号）第十条明确提出“在符合规划的前提下，村庄、集镇、建制镇中的农民集体所有建设用地使用权可以依法流转”；《关于规范城镇建设用地增加与农村建设用地减少相挂钩试点工作的意见》（国土资发〔2005〕207号）开始“探索农村集体建设用地流转制度”。2008年10月12日通过的《中共中央关于推进农村改革发展若干重大问题的决定》首次提出“逐步建立城乡统一的建设用地市场”，明确“农村集体经营性建设用地，必须通过统一有形的土地市场、以公开规范的方式转让土地使用权”“农村集体经营性建设用地在符合规划的前提下与国有土地享有平等权益”。

农村宅基地作为集体建设用地，其相关制度改革试点也在逐步推进。《关于全面深化农村改革加快推进农业现代化的若干意见》提出“在保障农户宅基地用益物权前提下，选择若干试点，慎重稳妥推进农民住房财产权抵押、担保、转让”。《关于农村土地征收、集体经营性建设用地入市、宅基地制度改革试点工作的意见》（中办发〔2014〕71号）明确提出“完善宅基地权益保障和取得方式……探索进城落户农民在本集体经济组织内部自愿有偿退出或转让宅基地”。

相应地，集体建设用地流转的收益分配机制也开始逐步完善。2013年，《中共中央关于全面深化改革若干重大问题的决定》提出“允许农村集体经营性建设用地出让、租赁、入股，实行与国有土地同等入市、同权同价”“允许农民以承包经营权入股发展农业产业和经营”。2014年，《关于全面深化农村改革加快推进农业现代化的若干意见》要求“城乡统筹联动，赋予农民更多财产权利，推进城乡要素平等交换和公共资源均衡配置”“加快建立农村集体经营性建设用地产权流转和增值收益分配制度”“保障农民公平分享土地增值收益……除补偿农民被征收的集体土地外，还必须对农民的住房、社保、就业培训给予合理保障……确保被征地农民长期受益”。

同时，在“耕地占补平衡”政策的严格把控下，重庆设立农村土地交易所，创新推出了地票交易制度，在省域范围内试点城乡建设用地增减指标的置换交易。

虽然集体建设用地流转、农村宅基地制度改革在一定程度上增加了建设用地的市场供给，有效缓解了省内的土地供需矛盾，但供需不平衡的现象在省际间存在着很大的差异，尤其是在经济发达地区，其耕地后备资源严重匮乏，城镇化建设用地矛盾尖锐。2017 年 1 月，《中共中央、国务院关于加强耕地保护和改进占补平衡的意见》要求，“规范补充耕地指标调剂管理，完善价格形成机制”并“探索补充耕地国家统筹”；2018 年 3 月 16 日，《通知》提出“规范有序实施跨省域补充耕地国家统筹”，标志着国家层面跨省域的占补平衡机制开始试行。

从中华人民共和国成立初期限制集体建设用地交易，到建立“城乡统一的建设用地市场”，集体建设用地交易范围在不断拓展，而我国的土地交易制度的管理重点也开始集中到三条底线上来，即坚持土地公有制不改变、坚持耕地占补平衡、及时对农民进行妥善补偿和安置，这些制度改革经验为后续建立国家层面的跨省域城乡统一建设用地市场提供了有益借鉴。

第三节　集体建设用地交易的地域差异

一、政府主导的中部地区

1999 年，国土资源部首先批准了安徽芜湖的集体建设用地使用权流转试点工作，随后河南安阳也参与了集体建设用地流转试点。在初步探索建立集体建设用地流转制度的过程中，政府起到了不可替代的主导作用。

（一）尚不完善的“保权”流转

作为全国第一个农村集体建设用地流转试点地区，安徽芜湖农村建设用地流转的具体做法是：①村集体组织与农民签订建设用地流转合同，向农民支付赔偿金收回建设用地经营权，并将其转让给乡镇政府。②乡镇政府开发建设用地，通过协议、招标、拍卖等方式出让或出租用于工商业建设。③土地流转收益和增值收益按 1∶4∶5 比例在县、乡、集体经济组织分成[①]。

芜湖模式主要有以下几个特点：①坚持土地集体所有权。②村集体组织和乡政府主导，具有一定的灵活性和自主性，更有利于因地制宜发展。③采用了协议、招标、拍卖等土地出让方式，在一定程度上发挥了市场机制的作用。

芜湖模式的不完善体现在：①农民只获得土地赔偿金，未能参与收益分配。②缺乏规范管理，容易因收益分配的不合理而滋生土地隐形市场。③没有做好农用地和建设用地的“增减挂钩”规划，较高的工商业营业利润可能会诱发地方建设用地的盲目扩张。

（二）注重民意的宅基地置换

河南安阳出台了一系列管理文件，如《安阳市集体建设用地流转管理试行办法》（安政〔2002〕36 号）、《安阳市农民集体所有建设用地使用权流转管理若干实施意见》（安政办〔2008〕54 号）、《关于农村宅基地置换和节约集约用地的实施意见（试行）》等，对集体建设用地流转做了明确的规定。它的集体建设用地流转主要有以下几个特点：①坚持土地集体所有权。②政府通过市场运作多渠道筹措资金开发项目，后期再从挂钩指标收益、新农村建设基金和政府土地出让金中返还。③通过宅基地置换推进农民居住集中化，考虑村民生产生活的便利性，优先使用村镇原址安置农民。置换出的土地除了建农民社区外，还兴产业、公益事业以及进行土地复垦，注重对土地利用的规划。④充分尊重农民的意愿，选择村民认可的有资质的评估公司进行估价，农民可以选择置换住宅或货币补偿方式。

河南安阳模式的不足之处：①不同评估公司估价可能存在差异，缺乏完善的土地市场价格形成机制和评估体系。②采用先垫资后偿付的方式，

① 李彬．建立城乡统一的建设用地市场研究［M］．北京：经济科学出版社，2017.

容易出现融资难的境况。③政府相对获利少，缺乏积极性。④农村社会保障体系尚不完善，有可能影响农民流转土地的积极性①。

二、两手协同的东部地区

东部沿海城市推行集体建设用地流转具有得天独厚的优势。东部地区经济发展相对繁荣，大规模招商引资构成了对建设用地使用权的具有雄厚实力的需求。政府在建设用地开发上易联合企业或通过市场筹集资金投入，而建设用地投入使用后，所经营的项目盈利丰厚，使得对农民的补偿标准高于其他地区。相较于中部地区的政府主导模式，东部地区将政府“有形手”与市场“无形手”有机结合，充分发挥了两手协同作用。

（一）共享收益的土地股份制

1992 年，广东南海（2002 年撤销南海市，设立佛山市南海区）开始试行土地股份制，具体做法是：①以行政村或村民小组为单位，组成股份合作组织。②由股份合作组织将建设用地用于工商业化建设。③集体财产、集体土地折成股份，给村民配置股权，村民凭股权分享增值收益。

南海模式主要有以下几个特点：①坚持集体土地所有权。②股份合作组织起主导作用，与芜湖模式相比，地方政府的干预相对弱化。③农民获得了土地流转和增值的收益，相对于芜湖模式下的收益有所提高。④土地股份制的改革为农村集体建设用地隐形市场提供了合法的渠道。

南海模式的不足之处：①集体经济的运行和管理缺少制衡和监督。②受耕地占补平衡政策限制，只流转了存量建设用地流转，无法新增建设用地，经济发展受到一定程度的限制。③受土地用途规划的影响，村与村之间可能因土地用途的不同而出现局部的经济发展不平衡现象。

（二）市场融资的新旧房置换

天津模式的具体做法是：①由政府牵头，企业贷款融资，规划建设置换住宅区和市场开发用地，规划建设规模不能超过拆旧面积。②农民按相

① 任琳，张鹏，李永明．集体建设用地流转困境探索——以安阳市为例［J］．安阳工学院学报，2014，2（68）：63-65.

应的标准以宅基地置换城镇商品房，原有宅基地由村、镇政府组织复垦，实现耕地占补平衡目标。③通过招、拍、挂等方式出让市场开发用地偿还规划建设筹措资金。④除了征地补偿款、生活补贴外，农民同时享有土地承包经营权入股的股权收益。

天津模式主要有以下几个特点：①企业参与融资，采用了招、拍、挂等土地出让方式，进一步发挥了市场机制的作用。②实现耕地总量的占补平衡，改善了天津建设用地集约度低的状况。③保障了农民住有所居，股权模式增加了农民的收入。④通过市场运作有效解决建设所需资金。

天津模式的不足之处在于：①政府对土地市场具有一定的垄断地位。②城镇生活成本远高于农村，农民置换房屋后，安全感可能会降低。③置换的小区缺乏规划和管理，有的设施处于长期闲置状态。

三、市场主导的西部地区

自2006年起，我国开始实施城乡建设用地增减挂钩试点工作。四川省被国土资源部列为首批城乡建设用地增减挂钩试点的五个地区之一。2008~2009年，西部地区的重庆市、陕西省、甘肃省、贵州省、宁夏回族自治区、广西壮族自治区、云南省、内蒙古自治区也加入了试点改革工作。西部地区的集体建设用地交易模式以四川成都的“拆院并院”和重庆的“地票交易”最为典型。

（一）交易平台上的“增减挂钩”

成都的“拆院并院”是指，根据土地利用总体规划，将拟复垦为耕地的集体建设用地（即拆旧地块）和拟用于城镇建设的地块（即建新地块）共同组成拆旧建新项目区，通过拆旧建新最终实现拆旧建新项目区内耕地面积不减少、质量不降低，建设用地总量不增加。具体做法是：①制定土地利用规划，建立土地股份合作社，采用自下而上的申报方式。②成立土地储备拍卖交易中心，建立交易平台，实现公开挂牌交易。③制定《农民集体建设用地使用权流转管理试行办法》及其相关配套文件。④流转收入盈余分配给土地股份合作社成员①。

“拆院并院”模式主要有以下几个特点：①建立交易平台，引入市场竞争机制。②引入社会资本参与，解决增减挂钩项目资金短缺问题，缓解政府财政压力。③采用自下而上的申报方式，由农民自愿申报，政府干预相对弱化。④加强对项目的管理，保障耕地占补平衡。⑤均衡各方利益，保障农户权益。

成都“拆院并院”模式的不足之处：①耕地占补受限于拆旧建新项目范围，土地使用效率的提高受界定范围的限制。②投资方和政府在拆迁区立项、建新区选址和规划、农户拆迁补偿上拥有绝对的主导权，为了获取更多的建设用地指标，他们更倾向于选择数据库中土地面积大于实际的院落，有可能在一定程度上偏离了土地利用规划或者忽视农民的搬迁意愿及权利。

（二）市场化定价的“地票交易”

建设用地总量往往与人口总量呈正向变动的关系，而重庆却发现了其农村人口减少与农村建设用地增加逆向并存的情况，城乡建设用地存在配置不合理的现象，因而催生了重庆地票交易。

《重庆市地票管理办法》（渝府令〔2015〕295号）表明，地票是“土地权利人自愿将其建设用地按规定复垦为合格的耕地等农用地后，减少建设用地形成的在重庆农村土地交易所交易的建设用地指标”。它主要包括：①土地复垦环节。由农户或村集体自愿申请，严格规范土地复垦要求，政府部门对复垦土地进行验收、交易、落地和分配环节。②地票交易环节。农村土地交易所公开发布交易信息，采取挂牌或拍卖方式实行市场化定价。③地票落地环节。④收益分配环节。地票价款扣除复垦成本后全部收益归农户和集体经济组织按规定分成。

地票交易有以下几个特点：①发挥了市场配置土地资源的作用。②将土地不动产演变为证券化的虚拟动产，在一定程度上提高了土地的流动性。③突破了“项目区”范围限制，实现了更大范围内的耕地占补平衡。④坚

① 李彬．建立城乡统一的建设用地市场研究［M］．北京：经济科学出版社，2017.

持“自愿复垦、公开交易、收益归农、价款直拨、依规使用”原则，相对弱化了政府的行政干预，保障了农民的权益。

重庆地票交易的不足之处：①地票价格未能包含土地发展权价值，土地所有者经营低收益的农业生产，失去了获取高收益项目的土地发展权，却得不到应有的补偿。②政府虽然可以通过政策影响地票供需关系来影响地票价格，但因为其不参与地票溢价收益分配，使得它不关注溢价的高低，不能很好地维护农民的权益。③地票的参与主体相对较少，流动性有限，竞争力不足，市场机制的作用有限。④地票交易容易受地区经济发展影响，经济发展相对落后的地区不一定能享受到地票制度的好处。⑤农户退出宅基地后，部分承包地出现撂荒现象，耕地不能有效得到保护。

第四节 我国集体建设用地交易的启示

从时间的纵向来看，我国集体建设用地交易经历了交易限制、交易管制以及积极推进交易市场的建立、拓展交易市场的范围等过程；从实践的横向来看，东部、中部、西部地区集体建设用地交易主导模式不同，无论是政府主导、市场主导还是两手协同作用，都有各自的利弊。我国集体建设用地交易的演变过程表明，促进城乡一体化市场的形成是大势所趋。跨省域补充耕地不仅是耕地指标的跨省域调节，也意味着城乡建设用地指标挂钩的跨省域调剂，是统一城乡建设用地市场在全国范围的探索尝试，构建跨省域补充耕地指标交易机制需要从集体建设用地交易中吸取经验，取长补短，促进土地资源配置效率的提高。

一、明确跨省域补充耕地指标交易的基本原则

（一）坚守三条底线

我国集体建设用地制度虽历经变化但始终坚持土地公有制不改变、耕

地红线不突破、农民利益不受损的底线，体现了社会主义制度的优越性；东部、中部、西部地区集体建设用地的交易经验表明，成功的土地交易模式是建立在尊重民意、考虑农民利益的基础之上的，任何交易模式都不能偏离土地公有制性质，都必须坚持“耕地占补平衡”原则。明确土地所有权性质，是建立土地自由交易制度的前提条件。公有制是社会主义经济制度的基础，土地所有制性质也必须牢牢把握其公有制属性；坚持耕地红线不突破，是保障粮食安全、生态安全的基础，是支撑农业和农村发展的根基，是老百姓的“吃饭田”“保命田”，更是推进土地市场化所必须坚守的底线；维护好农民利益是社会主义的本质要求，只有保障农民的权利，让农民参与收益分配，才能调动其保护耕地的积极性，避免耕地撂荒现象的发生。从安徽芜湖模式中可以发现，农民只获得土地赔偿金，未能参与收益分配，容易因收益分配的不合理而滋生土地隐形市场。显然，三条底线是建立跨省域补充耕地指标交易机制都必须坚持的重要原则。

（二）坚持两手协同

与中部地区的政府主导模式相比，发挥市场基础作用的东部地区和西部地区的土地交易获益相对较高，农民收入有所增加，政府财政压力相对缓解，在一定程度上提高了土地资源的流动性。重庆地票交易采取了市场化的方式配置用地资源，而不是之前的建设用地增减挂钩制度里的以政府代替市场的“统购统销”方式，更有利于发现土地用途指标的真实价格。但土地市场也有其自身的局限性，在特定的土地交易中，交易的对象和参与的交易主体较少，竞争并不充分，尤其是目前，跨省域补充耕地指标交易市场在形成和逐步完善的过程中，供需主体达成交易的条件尚未明确，交易的活跃程度尚不清晰，且其交易主体之间的利益关系更为复杂，各参与主体为了追寻自身利益的最大化可能出现各种利益冲突或者违背法律法规的行为，需要政府实施宏观调控或适时地进行监督。集体建设用地交易制度的变迁过程也说明了自由放任的市场可能会带来大量占用耕地、滥用土地的现象。因此，跨省域补充耕地指标交易机制的构建离不开市场和政府的相互作用，需要坚持市场主导、政府引导的两手协同合作。

（三）推动融合发展

无论是安徽芜湖、广东南海的工商业建设，还是河南安阳的市场化建设，集体建设用地交易都注重推进产业融合发展，也注重通过市场运作从企业或金融业融资开发项目以及通过发展工商业使农民获得收益。显然，要发展农村、推进农业现代化、提高农民收入离不开二三产业的支持。建立跨省域补充耕地指标交易机制不仅需要统筹区域融合发展，缩小省际发展差距，也应统筹产业融合发展、城乡融合发展，结合区域产业发展定位做好土地规划。

河南安阳考虑村民生产生活的便利性，优先使用村镇原址安置农民，推进农民居住集中化体现了“三农”融合的思想。既优化了农村居住环境，又从农民的利益出发进行妥善安置，同时也考虑到了农业生产的便利性。东部、中部、西部地区的土地规划、农民利益补偿与安置、推进工商业发展等也在一定程度上体现了发展“三农”融合的思想。高度重视“三农”融合发展，有助于处理好乡村产业兴旺与城镇化关系，在推进跨省域耕地资源与资金的调配过程中实现“不丢城，不误乡，利城富乡”的发展目标。

二、探索跨省域补充耕地指标交易的供求机制

完善的土地市场价格形成机制和评估体系是协调各主体利益关系、保障农民权益的关键。跨省域补充耕地指标交易市场还在初步形成阶段，需进一步完善，重庆地票交易表明，交易机制的建立离不开科学的定价机制，即准确评估耕地的交易基准价或起拍价。合理的基准价或起拍价是确保农户在补充耕地交易中获取基础收益的依据，是补充耕地交易价格调控的起点，科学定价有助于弥补集体建设用地使用权出让方的土地发展权，缩小地区发展差距，缓和城乡收入差距。

另外，与集体建设用地交易相比，跨省域补充耕地不仅需要协调处理中央与地方政府、政府与企业、政府与农民、企业与农民之间的关系，更重要的是地方政府之间的利益相关关系，往往一方的受益靠另一方“买单”。在科学定价的基础上，如何在各博弈方中找到一个适当的收益分配机

制也需要进一步深入分析。

三、强化跨省域补充耕地指标交易的保障机制

跨省域补充耕地指标交易不能偏离保护耕地和乡村振兴的初衷。保障机制亦风险防范机制应着重于防范目标偏离，如防范土地用途的变更或公益性异变、防范耕地撂荒、防范区域经济发展差距扩大等。

切实保障农民权益，仅靠一次性分配并不能解决，需要确保分配的持续性。广东南海模式对分配的持续性做了有益的探索，但这是基于广东的地理位置优势、经济发展优势，而落后地区缺乏有力的地缘优势，很难持续做到社会保障、股权模式参与分配，需要通过对口帮扶，共建园区协同发展，突破物理界线的限制，构建协同发展指标考核机制，增强经济纽带联结，完善指标收益向农民倾斜的制度体系，带动落后地区经济社会发展和农民收入提高。

在广东南海模式中，村与村之间可能因土地用途的不同而出现局部的经济发展不平衡现象，可见不仅是省际间，即使是毗邻的村庄也可能因土地用途转移而出现收入差距或经济发展差距；在重庆地票交易模式里，经济发展落后的地区不能享受地票交易的好处，易出现撂荒现象……这些存在的问题需要强化保障机制进行弥补和化解。

第四章　跨省域补充耕地指标交易的基本原则

珍惜和合理利用每寸土地，切实保护耕地，是中国必须长期坚持的一项基本国策；建立城乡统一的建设用地市场是推进我国新型城镇化、促进农业现代化的现实需要，两者统一于跨省域补充耕地指标交易机制的构建中。从集体建设用地交易制度的演变和地区的交易差异中可以看出，交易市场的建立离不开对土地的科学定价和对农民的妥善补偿安置，交易中存在着各种可能的风险，如经济发展差距、利益相关者的道德风险等，需要发挥政府的宏观调控作用，不能完全依靠市场解决。建立跨省域补充耕地指标交易机制是一个系统工程，不能单一地分析交易行为、孤立地针对某个具体问题进行研究。它需要做好整体规划，把它纳入整个土地制度乃至工业化、城镇化、“三农”问题等大系统中去分析，把握每一个环节，寻找建立机制的可行性和实现路径。

建立跨省域补充耕地指标交易机制主要包括几个要素：基本原则、交易构成的条件（即供求机制）以及保障机制（如搭建交易平台、风险防范等）。本章基于前面对跨省域补充耕地困境的分析，以及对集体建设用地交易的相关研究，归纳提出了建立跨省域补充耕地的基本原则，包括两个“导向”、三条“底线”和四大“融合”原则。

第一节　两个“导向”原则

构建跨省域补充耕地指标交易机制既要发挥市场调节资源优化配置的基础性作用，又要通过政府规范交易主体行为，防范化解风险。只有坚持“市场主导”与“政府引导”相结合，充分发挥市场在跨省域补充耕地指标交易中的主导作用，更好地发挥政府的引导作用，实现政府和市场的优势互补，才能避免政府垄断失效和市场失灵，达到跨省域补充耕地指标交易的预期政策目标。

一、市场主导

在市场经济体系中，市场是基础。尽管各个国家和地区的土地产权制度各有不同，但都主要通过市场机制进行土地资源配置（张合林，2019）。土地市场可以传递土地供求信息，反映土地市场的供求状况，通过“看不见的手”来使资源配置达到最有效率的状态；它可以引导土地资源在不同行业中达到动态均衡配置，从而实现产业结构的合理调整，优化生产力布局；土地市场往往与劳务市场、技术市场、金融市场等相联系，健全的市场体系能够调整生产要素的配置，实现土地与资金、技术、劳动力等生产要素的有效结合；运用市场手段分配土地收益，即通过市场形成的地价、利率、地租等标准实现土地收益在土地所有者、经营者和使用者之间的有效率的分配，能够调动各参与主体的积极性，促进经济的发展（周寅康等，2008）。

跨省域补充耕地指标交易涉及的参与主体之间的经济基础、文化习俗、土地资源等存在较大差异，对耕地资源的需求也存在着差别。由于信息的不对称，单一行政调配耕地资源的方式很容易造成土地资源的巨大浪费，使得土地产出效率与效益低下。只有发挥市场的主导作用，才能实现耕地资源与资金的有效配置。

二、政府引导

市场机制要达到资源有效配置，必须符合几个重要的前提条件：①完全信息。②完全竞争。③生产和消费没有外部性。④交易费用忽略不计。⑤经济人完全理性。⑥规模报酬不变或递减。当上述条件达不到时，就需要政府对市场进行调控。

跨省域补充耕地指标交易市场和其他土地市场一样，具有垄断性、外部性等特点。首先，社会经济发展对稀缺土地的持续需求推动了土地价格的上涨，土地交易金额数量庞大，进入门槛相对较高，而市场具备相应经济能力的竞争者数量有限，使得价格机制的作用得不到充分发挥，土地存在经济垄断性，难以达到土地资源的有效配置（周寅康等，2008）；其次，市场中土地的利用存在明显的外部性，尤其是耕地的正外部效应往往得不到应有的补偿，需要政府科学地制定基准指导价、实施适当的奖惩制度以弥补市场机制的不足。

跨省域补充耕地指标交易市场存在着市场失灵，使得耕地（指标）的配置不能完全依赖于市场。此外，市场机制更注重效率，而社会主义市场经济下的耕地资源配置不仅要考虑效率，也要兼顾分配的公平，需要政府适当引导，通过分配使城乡、省际的收入差距与经济差距趋向合理化，防止两极分化。

第二节　三条“底线”原则

党的十八届三中全会明确指出了土地制度是国家的基础性制度，要始终把维护好、实现好、发展好农民权益作为出发点和落脚点，坚持土地公有制性质不改变、耕地红线不突破、农民利益不受损三条底线，推进农村土地改革试点工作。建立我国跨省域补充耕地指标交易机制面临着诸多风险，必须严守三条“底线”不松懈，做到改革让农民受益。

一、坚持土地公有制性质不改变

我国《宪法》第十条明确规定，“城市的土地属于国家所有。农村和城市郊区的土地，除由法律规定属于国家所有的以外，属于集体所有；宅基地和自留地、自留山，也属于集体所有”。土地归国家或集体所有是社会主义经济制度的本质特征，跨省域补充耕地指标交易无论以何种形式交换、流通，其所有权性质都不能变，必须坚守土地的公有制性质。

跨省域补充耕地指标交易体现为所有权与经营权、使用权等权利的分离，使用权与所有权的分离，有可能出现所有权被“蚕食”的风险，必须强调“土地公有制”的底线原则，加强监管，才能有效防范风险。此外，经营主体的多元化，如村集体变为企业、新经济组织等也不应影响土地的公有制性质，农村土地的所有者只能是农村集体。

二、坚持耕地红线不突破

坚守18亿亩耕地红线是中共中央、国务院结合我国土地资源禀赋做出的战略布局，事关国家粮食安全与社会稳定。《全国国土规划纲要（2016-2030）》明确要求“2020年全国耕地保有量目标为18.65亿亩，2030年全国耕地保有量目标为18.25亿亩”，以约束性指标强化耕地保有量目标。

18亿亩耕地红线是经过一系列严谨计算得出来的结果，坚守耕地红线意味着18亿亩数量底线不能突破，必须坚持“耕地占补平衡”政策，落实主体责任，严格控制建设占用耕地，杜绝“先占后补”“占多补少”。我国因为坚守耕地红线的数量底线，得以拥有充足的粮食储备，人均粮食占有量高于世界平均水平，库存消费比远高于联合国粮农组织提出的17%~18%的标准。即使国内新冠肺炎疫情比较严重的时候，也能保证粮食货足价稳，有力维护了社会稳定。

建立跨省域补充耕地指标交易机制，必须坚守18亿亩耕地红线，不仅数量底线不能突破，还要确保耕地质量的提升，坚持“占一补一、占优补优”，杜绝“占优补劣”，确保统筹补充耕地数量不减少、质量不降低。农业农村部的调查显示，和20世纪80年代相比，我国耕地的基础地力下降了至少10个百分点，并且有些地方亩产主要依靠化肥投入，而化肥长期过度的投入会使得耕地退化、地力下降。目前，南方耕地酸化、北方耕地盐碱化、东北黑土地退化已成为我国耕地质量的三大重点问题。即便耕地数量不减少，其生产能力也会因为耕地质量的降低而大大减少，保护耕地必须统筹推进耕地休养生息，实施耕地质量保护与提升行动，严格落实耕地的“量”与“质”的双重平衡。

坚守18亿亩耕地红线，还要从数量、质量和生态三个方面综合考虑。耕地具有美化环境、调节气候、维持生物多样性等生态功能，但随着耕地质量由点到面的系统性退化，耕地的生态功能受到严重损坏。建立跨省域补充耕地指标交易机制必须高度重视耕地保护，妥善解决保护与开发的用地矛盾，必须重塑并强化耕地的生态功能，合理配置耕地利用结构，适当退耕还林还草，大规模建设高标准生态良田，加强对耕地的管理与整治，改善耕地质量，持续做好生态功能相关指标监控，依托信息化建设保障耕地生态安全。

三、坚持农民利益不受损

习近平总书记指出，我国农村改革是从调整农民和土地的关系开启的，新形势下深化农村改革，主线仍然是处理好农民与土地的关系。农村改革无论怎么改，都不能把农村土地集体所有制改垮了，不能把耕地改少了，不能把粮食生产能力改弱了，不能把农民利益损害了，绝不能犯颠覆性错误。纵览从古到今的中国土地制度改革，大致经历了共有制、井田制、私有制、均田制、公有制等多种典型形态，而土地改革成败的关键在于有没有处理好国家、农民与土地的关系，在于农民利益有没有得到维护。农民利益得到维护，则国泰民安，反之则可能激化阶级矛盾，引发社会动荡，历史上的封建王朝后期，农民往往不得不变卖自己的土地甚至流离失所，“富者田连阡陌，贫者无立锥之地”，成为朝代兴衰更替的重要原因。自改革开放以来，我们党坚持以维护农民权益为出发点，总结借鉴古今中外农村土地制度变革的经验教训，结合“三农”实际情况，确立了以家庭承包经营为基础、统分结合的双层经营体制，既防止了土地兼并带来的各类社会问题，又促进了土地资源优化配置，为发展中国家农村土地制度改革提供了中国经验和中国方案。总结借鉴古今土地制度变革的经验教训，不难得出结论，土地改革必须坚持农民利益不受损，必须坚持维护农民权益不动摇。

建立跨省域补充耕地指标交易机制是推动土地使用权市场化流转，促进土地资源优化配置的必然要求，是农村土地制度变革的题中之义。建立跨省域补充耕地指标交易机制必须坚持农民利益不受损的底线原则，“取之于农，用之于农”，统筹兼顾国家、集体和农民的利益，加快建立健全收益调节分配机制，确保跨省域补充耕地资金全部用于补充耕地和巩固脱贫攻坚成果、实施乡村振兴战略，确保资金收益主要向集体和农民倾斜。建立跨省域补充耕地指标交易机制要坚持耕地指标向适合大规模发展农业的地区转移，建设用地向适合搞建设的地区转移，各取所需，因地制宜，更合理地利用土地，加速农村土地整治和土地流转，助力农业规模化经营，推动农业产业化发展，切实以农业强促进农民富、农村美。

第三节　四大“融合”原则

一、“三农”融合

“三农”（即农业、农村和农民）问题，并不是新问题；对“三农”问题的关注，也不是新现象。只是在新形势下，“三农”问题表现出了新的特点，对“三农”问题的关注采取了新的视角，对于解决“三农”问题的措施提出了新思路。工业反哺农业、城市支持农村方针，就是新形势下解决

“三农”问题新思路的关键基础。这既是一个重大理论问题，也是一个重大实践问题。这个方针的落实情况，直接影响着中国解决“三农”问题的进展。

2021 年 2 月 21 日，《中共中央　国务院关于全面推进乡村振兴加快农业农村现代化的意见》指明“十四五”时期最艰巨最繁重的任务依然在农村，解决好发展不平衡不充分问题，重点难点在“三农”；构建新发展格局，潜力后劲在“三农”；应对国内外各种风险挑战，基础支撑在“三农”。党中央认为，新发展阶段“三农”工作依然极端重要，须臾不可放松，务必抓紧抓实。跨省域耕地交易涉及农村最为宝贵的耕地资源，事关农业、农村、农民生产生活的方方面面，要把帮助解决好“三农”问题作为跨省域耕地交易工作的重中之重，把全面推进乡村振兴作为建立跨省域耕地交易机制的一项重大任务，全力加快农业农村现代化，让广大农民过上更加美好的生活。

二、城乡融合

跨省域耕地交易坚持的城乡融合原则主要有三个目标：首先，从耕地的总供给与总需求来看，城市耕地绝对数量的减少应该是与农村耕地数量的增加相对应的，一定要严格遵守“耕地占补平衡政策”，杜绝城市建设用地规模扩张与农村耕地减少、耕地撂荒现象同时出现。即便是跨省域耕地调剂也应该注意城乡耕地总量的此消彼长，坚守住 18 亿亩耕地红线。其次，应注意耕地交易的收益分配问题。科学制定耕地交易基准价格或耕地交易起拍价格，减少政府垄断势力对土地征用价格的控制。探索除提高补偿标准外的收益分配方式，运用市场机制调节收益分配问题，减缓城乡之间的收益分配差距。最后，跨省域补充耕地指标交易后的收益应全部用于巩固脱贫攻坚成果和支持实施乡村振兴战略。耕地需求方在获得“耕地指标”后，将本省耕地开发为建设用地时，对农民做好妥善安置与补偿工作，不仅注重城乡经济协调发展，也应注重缩小城乡居民收入差距，不能牺牲乡村利益来满足城市需求。

三、产业融合

推进农村产业融合发展是加快转变农业发展方式、拓宽农民增收渠道的重要举措，是构建现代农业产业体系、探索中国特色农业现代化道路的必然要求。党的十九大提出“促进农村一二三产业融合发展”的要求。2022年中央农村工作会议强调，要聚焦产业促进乡村发展，深入推进农村一二三产业融合，大力发展县域富民产业，推进农业农村绿色发展，让农民更多分享产业增值收益。开展跨省域耕地交易工作，要自觉站在实施乡村振兴战略的高度上，推进农村一二三产业融合，通过跨省域补充耕地，促进高标准农田建设，提升土地流转水平和土地规模化经营水平，以高水平的规模农业产业支撑附加值更高农产品加工产业、乡村旅游产业集聚，切实让农民更多分享产业增值收益。

建设跨省域耕地交易要坚持工业反哺农业，加快推进城乡资源配置一体化，打破城乡二元结构的形成的农村生产要素与资源配置不合理的状况，建立健全城乡统一的建设用地市场，推进农村集体经营性建设用地入市和农村土地征收制度改革，建立资源优化配置和合理补偿机制，为农业产业化经营打造优良的营商环境，加快形成以工促农、以城带乡、工农互惠、城乡一体的工农城乡关系。

四、区域融合

我国地域广阔，土壤资源丰富多样，但空间分布差异明显，省际间、区域间的土地资源、经济基础存在较大差异，土地交易的市场化比重、竞争活跃程度以及土地的交易方式等也存在着差异。区域融合原则要求在尊重彼此差异的基础上寻求优势互补、协调发展的路径，通过跨省域补充耕地指标交易调节资金与土地资源的配置，充分运用发达省份、城市的资金优势助力中部、西部地区、落后地区的乡村振兴建设，调节耕地指标的区域配置缓解发达地区的用地矛盾，协同推进城镇化、农业现代化发展。

跨省域补充耕地指标交易的区域融合突破了空间、地域的限制，突破单一省份或相邻省市的资源局限，在更广阔的范围内进一步实现资源优势互补，提升资源配置效率。推进跨省域补充耕地指标交易要避免人为地拉大区域间的差异，不能以牺牲落后地区利益来谋求先进地区的利益，同时更应该以谋求区域协同发展为目标，打造跨省域的区域发展共同体，探索共建园区协同发展机制，以跨区域的“共建园区”联动实现一体化融合发展。

第五章　跨省域补充耕地指标交易的供求机制

供求机制是指商品的供求关系与价格、竞争等因素之间相互制约和联系而发挥作用的机制。供求关系受价格和竞争等因素的影响，而供求关系的变动又能引起价格的变动和竞争的开展。土地市场是不完全竞争市场，竞争者少，双方博弈结果对土地价格的形成尤为重要。

跨省域补充耕地指标交易涉及的主体主要包括中央政府、地方政府、企业。因为耕地交易涉及论证、规划、立项、验收等多个环节，单个农户操作难度大，成本高，所以农民及集体无法成为交易主体。为了简化分析，本书分析的跨省域补充耕地指标交易主体主要是代表耕地供求双方的地方政府和统筹管理的中央政府。本章首先分析耕地供给方和需求方追求利润最大化时的经济行为，以及中央政府与地方政府的博弈策略来寻求跨省域补充耕地的合理定价机制；其次将农业风险因素纳入定价模型中进行实证分析。

第一节　参与主体的行为分析

与跨省域的城乡建设用地增减挂钩节余指标交易或重庆地票交易相比，

补充耕地交易指标的成本主要是对耕地后备资源的整理与开垦，不需要对建设用地进行复垦，也不需要对拆迁农民进行安置，成本大幅减少，因此更受申请补充耕地一方（即耕地需求方）的青睐。

一、供求主体的利益博弈

假设 A 省为落实补充耕地任务的省份，B 省为申请补充耕地的省份。A 省交易前的耕地面积为 Q_{F_A}，交易后新增了后备资源开垦面积 ΔQ_{F_B}（即 B 省建设项目占用的耕地面积），此时耕地面积为 $Q_{F_A}+\Delta Q_{F_B}$；A 省和 B 省的非农建设用地面积分别为 Q_{C_A} 和 Q_{C_B}；A 省交易后的效用函数为 U（Q_{C_A}，$Q_{F_A}+\Delta Q_{F_B}$），B 省交易后的效用函数为 U（$Q_{C_B}+\Delta Q_{F_B}$，$Q_{F_B}-\Delta Q_{F_B}$）；假设 A 省耕地价格为 P_{F_A}，非农建设用地价格为 P_{C_A}；B 省耕地价格为 P_{F_B}，非农建设用地价格为 P_{C_B}；$\Delta Q_{F_B}V_{F_A}$ 表示 A 省新增耕地 ΔQ_{F_B} 的开垦成本，供求主体的成本与收益如图 5-1 所示。

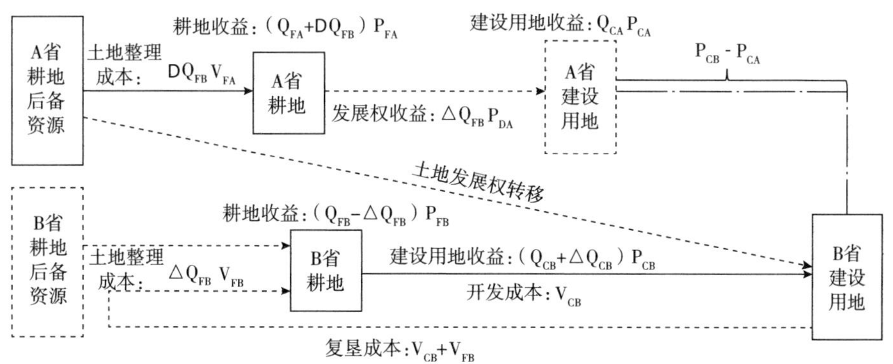

图 5-1　补充耕地交易主体面临的成本与收益

在图 5-1 中，A 省耕地后备资源开垦为 A 省耕地时，需要支付土地整理成本 $\Delta Q_{F_B}V_{F_A}$，B 省土地整理成本为 $\Delta Q_{F_B}V_{F_B}$；A 省耕地收益（效用）为耕地面积乘以耕地价格（$Q_{F_A}+\Delta Q_{F_B}$）P_{F_A}，B 省耕地收益为（$Q_{F_B}-\Delta Q_{F_B}$）P_{F_B}；A 省耕地与建设用地之间存在着虚拟的土地发展权收益 $\Delta Q_{F_B}P_{D_A}$，但

因为A省实行耕地交易后，已经失去了开垦为建设用地的发展机会，故在此用虚线表示；A省建设用地收益（效用）等于建设用地面积乘以建设用地价格 $Q_{C_A}P_{C_A}$；$P_{C_B}-P_{C_A}$ 为A省、B省之间的建设用地价格差异；B省的建设用地开发成本为 V_{C_B}，获得收益（$Q_{C_B}+\Delta Q_{F_B}$）P_{C_B}；若B省不与A省进行耕地交易，则在其后备耕地资源不足的情况下，面临将现有建设用地复垦为耕地的巨额成本，为了简化起见，这里将复垦成本等同于建设用地开发成本加上土地整理成本，即 $V_{C_B}+V_{F_B}$。

为了更好地了解耕地交易主体之间的行为及交易可能达成的条件，分三种情况讨论供求主体的得益情况及策略：①B省只补偿A省的开垦成本。②B省补偿A省耕地的土地发展权。③B省同时补偿A省的开垦成本和土地发展权。

（一）补偿土地整理成本

1. 落实补充耕地的收益及策略

当B省只向A省补偿土地整理成本时，A省收益包括建设用地收益 $Q_{C_A}P_{C_A}$ 和耕地收益（$Q_{F_A}+\Delta Q_{F_B}$）P_{F_A}；耕地整理成本由B省支付，故A省耕地开垦成本为零，有 $\Delta Q_{F_B}V_{F_A}=0$；作为追求利润最大化的理性经济人，考虑新增耕地的土地发展权的价格应该至少是A省建设用地的价格，故先假设A省补充耕地 ΔQ_{F_B} 的土地发展权收益为 $\Delta Q_{F_B}P_{C_A}$，但此时未获得补偿，则A省的利润π为 $Q_{C_A}P_{C_A}+(Q_{F_A}+\Delta Q_{F_B})P_{F_A}-\Delta Q_{F_B}P_{C_A}$，构建A省的拉格朗日函数：

$$\begin{cases}\max U(Q_{C_A},\ Q_{F_A}+\Delta Q_{F_B})\\ s.t.\ \pi\geqslant Q_{C_A}P_{C_A}+(Q_{F_A}+\Delta Q)_{F_B}P_{F_A}-\Delta Q_{F_B}P_{C_A}\end{cases}$$

$$\Rightarrow L_A=U(Q_{C_A},\ Q_{F_A}+\Delta Q_{F_B})+\lambda[\pi-Q_{C_A}P_{C_A}-Q_{F_A}P_{F_A}-\Delta Q_{F_B}P_{F_A}+\Delta Q_{F_B}P_{C_A}] \tag{5-1}$$

对建设用地和耕地面积分别求导，可得其最优化条件为：

$$\begin{cases} \dfrac{\partial U}{\partial Q_{C_A}} - \lambda P_{C_A} = 0 \\ \dfrac{\partial U}{\partial (Q_{F_A} + \Delta Q_{F_B})} - \lambda P_{F_A} = 0 \\ \dfrac{\partial U}{\partial (Q_{F_A} + \Delta Q_{F_B})} - \lambda P_{F_A} + \lambda P_{C_A} = 0 \end{cases}$$

$$\Rightarrow \begin{cases} \dfrac{\dfrac{\partial U}{\partial Q_{C_A}}}{\dfrac{\partial U}{\partial (Q_{F_A} + \Delta Q_{F_B})}} = \dfrac{P_{C_A}}{P_{F_A}} \\ P_{C_A} = 0 \end{cases} \tag{5-2}$$

A 省达到效用最大化的理想条件是非农建设用地和耕地的边际替代率等于非农建设用地的价格与耕地价格之比，为$\dfrac{P_{C_A}}{P_{F_A}}$；且 A 省建设用地价格等于零。A 省建设用地价格等于零意味着土地发展权为零，它与现实情况下的建设用地价格 $P_{C_A}>0$ 相悖，表明耕地的发展权可能为零但不应等于建设用地价格，当它等于建设用地价格时，意味着 A 省无法实现效用最大化。

因此，令土地发展权收益为 $\Delta Q_{F_B} P_{D_A}$，式（5-2）变为：

$$\begin{cases} \dfrac{\partial U}{\partial Q_{C_A}} - \lambda P_{C_A} = 0 \\ \dfrac{\partial U}{\partial (Q_{F_A} + \Delta Q_{F_B})} - \lambda P_{F_A} = 0 \\ \dfrac{\partial U}{\partial (Q_{F_A} + \Delta Q_{F_B})} - \lambda P_{F_A} + \lambda P_{D_A} = 0 \end{cases}$$

$$\Rightarrow \begin{cases} \dfrac{\dfrac{\partial U}{\partial Q_{C_A}}}{\dfrac{\partial U}{\partial (Q_{F_A} + \Delta Q_{F_B})}} = \dfrac{P_{C_A}}{P_{F_A}} \\ P_{D_A} = 0 \end{cases} \tag{5-3}$$

$P_{D_A}=0$ 意味着只有当 A 省的耕地没有土地发展权损失时，A 省才能实现效用最大化，即面对 B 省的土地整理补偿 $\Delta Q_{F_B}V_{F_A}$，A 省应选择初始价值为 0 的荒地整理开垦成补充耕地。但因为 $P_{D_A}=0$ 的情形几乎不可能出现，故 A 省实现效用最大化的概率微乎其微。

进一步假设 A 省的效用函数可以用柯布—道格拉斯生产函数（简称 C-D 函数）表示，即 $U(Q_{C_A}, Q_{F_A}+\Delta Q_{F_B})=Q_{C_A^\alpha}(Q_{F_A}+\Delta Q_{F_B})^\beta$，其中，$0\leqslant\alpha\leqslant1$，$0\leqslant\beta\leqslant1$ 则：

$$\begin{cases}\dfrac{\partial U}{\partial Q_{C_A}}=\alpha Q_{C_A^{\alpha-1}}(Q_{F_A}+\Delta Q_{F_B})^\beta \\ \dfrac{\partial U}{\partial(Q_{F_A}+\Delta Q_{F_B})}=\beta Q_{C_A^\alpha}(Q_{F_A}+\Delta Q_{F_B})^{\beta-1}\end{cases} \tag{5-4}$$

将式（5-3）代入，可得：

$$\frac{\alpha(Q_{F_A}+\Delta Q_{F_B})}{\beta Q_{C_A}}=\frac{P_{C_A}}{P_{F_A}}$$

$$\Rightarrow Q_{F_A}=\frac{\beta Q_{C_A}P_{C_A}}{\alpha P_{F_A}}-\Delta Q_{F_B} \tag{5-5}$$

由式（5-5）可以看出，Q_{F_A} 和 ΔQ_{F_B} 呈反向变动关系，即在 B 省补偿耕地开垦费用 $\Delta Q_{F_B}V_{F_A}$ 的情况下，当 B 省耕地面积减少时，A 省的最佳策略是增加耕地面积。

2. 申请补充耕地的收益及策略

申请补充耕地的 B 省的收益包括新增了 ΔQ_{F_B} 面积的建设用地收益 $(Q_{C_B}+\Delta Q_{F_B})P_{C_B}$ 和减少了 ΔQ_{F_B} 面积的耕地收益 $(Q_{F_B}-\Delta Q_{F_B})P_{F_B}$，扣除 ΔQ_{F_B} 面积的建设用地开发成本 $\Delta Q_{F_B}V_{C_B}$，以及扣除补偿 A 省的耕地开垦成本 $\Delta Q_{F_B}V_{F_A}$；因为 A 省承担了 B 省补充耕地的任务，故 B 省在耕地后备不足的情况下，不需要对建设用地进行复垦，故节省了 ΔQ_{F_B} 面积的复垦建设用地成本 $\Delta Q_{F_B}(V_{C_B}+V_{F_B})$，这里的复垦建设用地的成本包括拆除 ΔQ_{F_B} 面积建设用地的成本 $\Delta Q_{F_B}V_{C_B}$（为简化起见，令它等于建设用地开发成本，但实际建设用地拆除往往包含拆迁户安置，成本更高）、土地整理成本 $\Delta Q_{F_B}V_{F_B}$ 两

部分，同时还节省了建设用地转化为耕地的收益损失 $\Delta Q_{F_B}(P_{C_B}-P_{F_B})$，故 B 省的利润π等于 $(Q_{C_B}+\Delta Q_{F_B})P_{C_B}+(Q_{F_B}-\Delta Q_{F_B})P_{F_B}-\Delta Q_{F_B}V_{C_B}-\Delta Q_{F_B}V_{F_A}+\Delta Q_{F_B}(V_{C_B}+V_{F_B})+\Delta Q_{F_B}(P_{C_B}-P_{F_B})$，构建 B 省的拉格朗日函数：

$$\begin{cases}\max U(Q_{C_B}+\Delta Q_{F_B},\ Q_{F_B}-\Delta Q_{F_B})\\ s.t.\ \pi\geqslant(Q_{C_B}+\Delta Q_{F_B})P_{C_B}+(Q_{F_B}-\Delta Q_{F_B})P_{F_B}-\Delta Q_{F_B}V_{C_B}-\Delta Q_{F_B}V_{F_A}+\\ \Delta Q_{F_B}(V_{C_B}+V_{F_B})+\Delta Q_{F_B}(P_{C_B}-P_{F_B})\end{cases}$$

$$\begin{aligned}\Rightarrow L_B=&U(Q_{C_B}+\Delta Q_{F_B},\ Q_{F_B}-\Delta Q_{F_B})+\lambda[\pi-(Q_{C_B}+\Delta Q_{F_B})\\ &P_{C_B}-(Q_{F_B}-\Delta Q_{F_B})P_{F_B}+\Delta Q_{F_B}(V_{C_B}+V_{F_A})-\\ &\Delta Q_{F_B}(V_{C_B}+V_{F_B})-\Delta Q_{F_B}(P_{C_B}-P_{F_B})]\end{aligned}\qquad(5\text{-}6)$$

对建设用地和耕地面积分别求导，可得其最优化条件为：

$$\begin{cases}\dfrac{\partial U}{\partial(Q_{C_B}+\Delta Q_{F_B})}-\lambda P_{C_B}=0\\ \dfrac{\partial U}{\partial(Q_{F_B}-\Delta Q_{F_B})}-\lambda P_{F_B}=0\\ \dfrac{\partial U}{\partial(Q_{C_B}+\Delta Q_{F_B})}+\dfrac{-\partial U}{\partial(Q_{F_B}-\Delta Q_{F_B})}-\lambda P_{C_B}+\lambda P_{F_B}+\lambda V_{F_A}-\lambda V_{F_B}-\lambda P_{C_B}+\lambda P_{F_B}=0\end{cases}$$

$$\Rightarrow\begin{cases}\dfrac{\dfrac{\partial U}{\partial(Q_{C_B}+\Delta Q_{F_B})}}{\dfrac{\partial U}{\partial(Q_{F_B}-\Delta Q_{F_B})}}=\dfrac{P_{C_B}}{P_{F_B}}\\ V_{F_A}=V_{F_B}+P_{C_B}-P_{F_B}\end{cases}\qquad(5\text{-}7)$$

与 A 省的效用最大化条件相似，B 省达到效用最大化的理想条件也是非农建设用地和耕地的边际替代率等于非农建设用地的价格与耕地价格之比，为$\dfrac{P_{C_B}}{P_{F_B}}$。B 省支付给 A 省的补偿价格应为 $V_{F_B}+P_{C_B}-P_{F_B}$，但 B 省只按 V_{F_A} 支付，远低于其该支付的成本，可能面临土地配置不合理的效率损失，如建设用地与耕地配置不合理引致的环境问题、省域粮食紧缺问题（虽然理论上存在粮食紧缺问题，但因为国家调控与交通便利，实际上 B 省仍可以远距离享受A省耕地的外部效应，具体分析在此从略）。因为 $V_{F_A}<V_{F_B}+P_{C_B}-P_{F_B}$，B省获取了A省的“生产者剩余”，A省可能因此补充相对较差质量的耕地，出现道德风险。

3. 补充耕地交易后的收益变化

（1）A省收益变化。

A省落实补充耕地前的收益包括建设用地收益和耕地收益，即 $Q_{C_A}P_{C_A}+Q_{F_A}P_{F_A}$；补充耕地后的利润等于 $Q_{C_A}P_{C_A}+(Q_{F_A}+\Delta Q_{F_B})P_{F_A}-\Delta Q_{F_B}P_{D_A}$，则其补充耕地交易后的利润变化为：

$$Q_{C_A}P_{C_A}+(Q_{F_A}+\Delta Q_{F_B})P_{F_A}-\Delta Q_{F_B}P_{D_A}-(Q_{C_A}P_{C_A}+Q_{F_A}P_{F_A})$$
$$=\Delta Q_{F_B}P_{F_A}-\Delta Q_{F_B}P_{D_A} \tag{5-8}$$

与交易前相比，A省获得了收益 $\Delta Q_{F_B}P_{F_A}$，但损失了土地发展权 $\Delta Q_{F_B}P_{D_A}$；当A省选择没有价值的荒地开垦时，则获得净收益 $\Delta Q_{F_B}P_{F_A}$，否则，只有当B省支付土地整理费用 $\Delta Q_{F_B}V_{F_A}$ 和A省净损失 $\Delta Q_{F_B}P_{F_A}-\Delta Q_{F_B}P_{D_A}$ 时，即损失赔偿为 $\Delta Q_{F_B}(V_{F_A}+P_{F_A}-P_{D_A})$ 时，A省才能刚好弥补损失。

（2）B省收益变化。

对于B省而言，在既定耕地占补平衡政策下，其耕地数量和建设用地数量必须不变。因此，须对已开发的建设用地进行复原，其耕地交易前的收益包括建设用地收益 $Q_{C_B}P_{C_B}$、耕地收益 $Q_{F_B}P_{F_B}$，扣除建设用地的开发成本 $\Delta Q_{F_B}V_{C_B}$、建设用地复垦为耕地的成本 $\Delta Q_{F_B}(V_{C_B}+V_{F_B})$，故其利润为 $Q_{C_B}P_{C_B}+Q_{F_B}P_{F_B}-\Delta Q_{F_B}V_{C_B}-\Delta Q_{F_B}(V_{C_B}+V_{F_B})$；由前面的分析可知其交易后的利润为 $(Q_{C_B}+\Delta Q_{F_B})P_{C_B}+(Q_{F_B}-\Delta Q_{F_B})P_{F_B}-\Delta Q_{F_B}V_{F_A}-\Delta Q_{F_B}V_{C_B}+\Delta Q_{F_B}(V_{C_B}+V_{F_B})+\Delta Q_{F_B}(P_{C_B}-P_{F_B})$，利润变化为：

$$[(Q_{C_B}+\Delta Q_{F_B})P_{C_B}+(Q_{F_B}-\Delta Q_{F_B})P_{F_B}-\Delta Q_{F_B}V_{F_A}-\Delta Q_{F_B}V_{C_B}+\Delta Q_{F_B}(V_{C_B}+V_{F_B})+\Delta Q_{F_B}(P_{C_B}-P_{F_B})]-[Q_{C_B}P_{C_B}+Q_{F_B}P_{F_B}-\Delta Q_{F_B}V_{C_B}-\Delta Q_{F_B}(V_{C_B}+V_{F_B})]=\Delta Q_{F_B}(-V_{F_A}+2V_{F_B}+2P_{C_B}-2P_{F_B}+2V_{C_B})=\Delta Q_{F_B}[2(P_{C_B}-P_{F_B})+(2V_{F_B}-V_{F_A})+2V_{C_B}] \tag{5-9}$$

若B省在支付土地整理成本的基础上，再补偿A省的收益净损失 $\Delta Q_{F_B}P_{F_A}-\Delta Q_{F_B}P_{D_A}$ 或土地发展权 $\Delta Q_{F_B}P_{D_A}$，则式（5-9）减去 $\Delta Q_{F_B}P_{F_A}-$

$\Delta Q_{F_B}P_{D_A}$，得：

ΔQ_{F_B}［$2(P_{C_B}-P_{F_B})+(2V_{F_B}-V_{F_A})+2V_{C_B}$］$-(\Delta Q_{F_B}P_{F_A}-\Delta Q_{F_B}P_{D_A})$

$=\Delta Q_{F_B}$［$2(P_{C_B}-P_{F_B})+(P_{D_A}-P_{F_A})+(2V_{F_B}-V_{F_A})+2V_{C_B}$］　(5-10)

由式（5-9）减去 $\Delta Q_{F_B}P_{D_A}$，可得：

ΔQ_{F_B}［$2(P_{C_B}-P_{F_B})+(2V_{F_B}-V_{F_A})+2V_{C_B}$］$-\Delta Q_{F_B}P_{D_A}$

$=\Delta Q_{F_B}$［$2(P_{C_B}-P_{F_B})+(2V_{F_B}-V_{F_A})+2V_{C_B}-P_{D_A}$］

$=\Delta Q_{F_B}\{(P_{C_B}-2P_{F_B})+(2V_{F_B}-V_{F_A})+2V_{C_B}+(P_{C_B}-P_{D_A})\}$　(5-11)

式（5-10）中，B 省的非农建设用地价格大于其耕地价格，有 $P_{C_B}-P_{F_B}>0$；A 省的土地发展权价格显然大于等于其耕地价格，故 $P_{D_A}-P_{F_A}\geqslant 0$；因为政策要求补充相同类型、同等质量的耕地，现实中后备耕地资源的土地整理成本一般差距不大，即有 $V_{F_B}\approx V_{F_A}$，所以大概率上可认为 2 倍的 B 省耕地整理成本大于 A 省土地整理成本，$2V_{F_B}-V_{F_A}>0$，故式（5-10）大于等于零。在式（5-11）中，B 省的非农建设用地价格大于其耕地价格的 2 倍，《中国国土资源统计年鉴 2017》数据显示，北京建设用地综合地价为 34515 元/平方米，约 230.1 万元/亩，远高于《通知》里补充耕地的最高价格 60 万元；上海为 24767 元/平方米；广州为 23683 元/平方米；厦门为 24581 元/平方米）；故 $P_{C_B}-2P_{F_B}>0$；由于级差地租的存在，B 省的建设用地价格明显高于 A 省的土地发展权，$P_{C_B}-P_{D_A}>0$。式（5-10）与式（5-11）说明了即使 B 省补偿 A 省的土地整理费用和收益净损失 $\Delta Q_{F_B}V_{F_A}+\Delta Q_{F_B}P_{F_A}-\Delta Q_{F_B}P_{D_A}$ 或土地整理费用和土地发展权 $\Delta Q_{F_B}V_{F_A}+\Delta Q_{F_B}P_{D_A}$，它依然能够获得利润。

（二）补偿土地发展权

1. 落实补充耕地的收益及策略

考虑由 B 省向 A 省赔偿耕地的土地发展权时，A 省的收益包括建设用地收益 $Q_{C_A}P_{C_A}$、耕地收益 $(Q_{F_A}+\Delta Q_{F_B})P_{F_A}$，丧失的土地发展权得到了弥补，即 $-\Delta Q_{F_B}P_{D_A}+\Delta Q_{F_B}P_{D_A}=0$，扣除土地整理成本 $\Delta Q_{F_B}V_{F_A}$，则 A 省的利润 π 等于 $Q_{C_A}P_{C_A}+(Q_{F_A}+\Delta Q_{F_B})P_{F_A}-\Delta Q_{F_B}V_{F_A}$。构建 A 省的拉格朗日函数：

$$\begin{cases} \max U\ (Q_{C_A},\ Q_{F_A}+\Delta Q_{F_B}) \\ s.t.\ \pi \geqslant Q_{C_A}P_{C_A}+\ (Q_{F_A}+\Delta Q_{F_B})\ P_{F_A}-\Delta Q_{F_B}V_{F_A} \end{cases}$$

$$\Rightarrow L_A = U\ (Q_{C_A},\ Q_{F_A}+\Delta Q_{F_B})\ +\lambda\ [\pi - Q_{C_A}P_{C_A} - Q_{F_A}P_{F_A} - \Delta Q_{F_B}P_{F_A} + \Delta Q_{F_B}V_{F_A}] \tag{5-12}$$

对建设用地和耕地面积分别求导，可得其最优化条件为：

$$\begin{cases} \frac{\partial U}{\partial Q_{C_A}} - \lambda P_{C_A} = 0 \\ \frac{\partial U}{\partial (Q_{F_A}+\Delta Q_{F_B})} - \lambda P_{F_A} = 0 \\ \frac{\partial U}{\partial (Q_{F_A}+\Delta Q_{F_B})} - \lambda P_{F_A} + \lambda V_{F_A} = 0 \end{cases}$$

$$\Rightarrow \begin{cases} \dfrac{\frac{\partial U}{\partial Q_{C_A}}}{\frac{\partial U}{\partial (Q_{F_A}+\Delta Q_{F_B})}} = \dfrac{P_{C_A}}{P_{F_A}} \\ V_{F_A} = 0 \end{cases} \tag{5-13}$$

对于 A 省而言，达到效用最大化的理想条件是非农建设用地和耕地的边际替代率等于非农建设用地的价格与耕地价格之比，为$\frac{P_{C_A}}{P_{F_A}}$；并且每单位耕地的整理成本等于零，即 $V_{F_A}=0$。因为 A 省后备耕地资源的土地成本不可能为零，故此时 A 省无法实现效用最大化。

进一步假设 A 的效用函数可以用 C-D 函数表示，即 $U\ (Q_{C_A},\ Q_{F_A}+\Delta Q_{F_B})\ = Q_{C_A}^{\alpha}\ (Q_{F_A}+\Delta Q_{F_B})^{\beta}$，其中，$0\leqslant\alpha\leqslant1$，$0\leqslant\beta\leqslant1$，将式（5-13）代入式（5-4），可得与上一节“落实补充耕地的收益及策略”一致的策略，即为了实现土地配置效率的最大化，当 B 省耕地面积减少时，A 省的最佳策略是增加耕地面积。虽然此时 A 省的后备耕地资源开垦成本 $\Delta Q_{F_B}V_{F_A}$ 随之增加，但因为获得耕地收益 $\Delta Q_{F_B}P_{F_A}$，因此总收益大于零。

2. 申请补充耕地的收益及策略

对补偿A省的补偿金额由 $\Delta Q_{F_B}V_{F_A}$ 变为 $\Delta Q_{F_B}P_{D_A}$，故B省的利润π为

$(Q_{C_B}+\Delta Q_{F_B})P_{C_B}+(Q_{F_B}-\Delta Q_{F_B})P_{F_B}-\Delta Q_{F_B}P_{D_A}-\Delta Q_{F_B}V_{C_B}+\Delta Q_{F_B}(V_{C_B}+V_{F_B})+\Delta Q_{F_B}(P_{C_B}-P_{F_B})$，构建B省的拉格朗日函数为：

$$\begin{cases}\max U(Q_{C_B}+\Delta Q_{F_B},\ Q_{F_B}-\Delta Q_{F_B})\\ \text{s.t. } \pi\geqslant(Q_{C_B}+\Delta Q_{F_B})P_{C_B}+(Q_{F_B}-\Delta Q_{F_B})P_{F_B}-\Delta Q_{F_B}P_{D_A}-\Delta Q_{F_B}V_{C_B}+\\ \Delta Q_{F_B}(V_{C_B}+V_{F_B})+\Delta Q_{F_B}(P_{C_B}-P_{F_B})\end{cases}$$

$$\Rightarrow L_B=U(Q_{C_B}+\Delta Q_{F_B},\ Q_{F_B}-\Delta Q_{F_B})+\lambda[\pi-(Q_{C_B}+\Delta Q_{F_B})P_{C_B}-(Q_{F_B}-\Delta Q_{F_B})P_{F_B}+\Delta Q_{F_B}(P_{D_A}+V_{C_B})-\Delta Q_{F_B}(V_{C_B}+V_{F_B})-Q_{F_B}(P_{C_B}-P_{F_B})]\tag{5-14}$$

对建设用地和耕地面积分别求导，可得其最优化条件为：

$$\begin{cases}\dfrac{\partial U}{\partial(Q_{C_B}+\Delta Q_{F_B})}-\lambda P_{C_B}=0\\ \dfrac{\partial U}{\partial(Q_{F_B}-\Delta Q_{F_B})}-\lambda P_{F_B}=0\\ \dfrac{\partial U}{\partial(Q_{C_B}+\Delta Q_{F_B})}+\dfrac{-\partial U}{\partial(Q_{F_B}-\Delta Q_{F_B})}-\lambda P_{C_B}+\lambda P_{F_B}+\lambda P_{D_A}-\lambda V_{F_B}-\lambda P_{C_B}+\lambda P_{F_B}=0\end{cases}$$

$$\Rightarrow\begin{cases}\dfrac{\dfrac{\partial U}{\partial(Q_{C_B}+\Delta Q_{F_B})}}{\dfrac{\partial U}{\partial(Q_{F_B}-\Delta Q_{F_B})}}=\dfrac{P_{C_B}}{P_{F_B}}\\ P_{D_A}=V_{F_B}+P_{C_B}-P_{F_B}\end{cases}\tag{5-15}$$

与本章前一节讨论的只补偿土地整理成本的情况相似，B省达到效用最大化的理想条件依然是非农建设用地和耕地的边际替代率等于非农建设用地价格与耕地价格之比，为 $\frac{P_{C_B}}{P_{F_B}}$；且获得了A省的“生产者剩余”，可能面临土地配置效率损失。

3. 补充耕地交易后的收益变化

（1）A 省收益变化。

A 省落实补充耕地前的收益包括建设用地收益和耕地收益，即 $Q_{C_A}P_{C_A}+Q_{F_A}P_{F_A}$；补充耕地后的利润等于 $Q_{C_A}P_{C_A}+(Q_{F_A}+\Delta Q_{F_B})P_{F_A}-\Delta Q_{F_B}V_{F_A}$，则其补充耕地交易后的利润变化为：

$$Q_{C_A}P_{C_A}+(Q_{F_A}+\Delta Q_{F_B})P_{F_A}-\Delta Q_{F_B}V_{F_A}-(Q_{C_A}P_{C_A}+Q_{F_A}P_{F_A})=\Delta Q_{F_B}(P_{F_A}-V_{F_A}) \tag{5-16}$$

因为耕地价格大于耕地开垦成本，即 $P_{F_A}-V_{F_A}>0$，故式（5-16）大于零，A 省从交易中获益。

与补偿土地整理成本时的收益相比，A 省获得补偿土地发展权时的收益变化用式（5-16）减去式（5-8）可得：

$$\Delta Q_{F_B}(P_{F_A}-V_{F_A})-(\Delta Q_{F_B}P_{F_A}-\Delta Q_{F_B}P_{D_A})=\Delta Q_{F_B}(P_{D_A}-V_{F_A}) \tag{5-17}$$

因为土地发展权大于后备耕地资源的土地整理成本，即 $P_{D_A}-V_{F_A}>0$，故式（5-17）大于零，与补偿土地整理成本的收益相比，A 省获得补偿土地发展权时的收益提升了 $\Delta Q_{F_B}(P_{D_A}-V_{F_A})$。

（2）B 省收益变化。

由前面的分析可知 B 省交易前的收益为 $Q_{C_B}P_{C_B}+Q_{F_B}P_{F_B}-\Delta Q_{F_B}V_{C_B}-\Delta Q_{F_B}(V_{C_B}+V_{F_B})$，交易后的收益等于 $(Q_{C_B}+\Delta Q_{F_B})P_{C_B}+(Q_{F_B}-\Delta Q_{F_B})P_{F_B}-\Delta Q_{F_B}P_{D_A}-\Delta Q_{F_B}V_{C_B}+\Delta Q_{F_B}(V_{C_B}+V_{F_B})+\Delta Q_{F_B}(P_{C_B}-P_{F_B})$，利润变化为：

$$[(Q_{C_B}+\Delta Q_{F_B})P_{C_B}+(Q_{F_B}-\Delta Q_{F_B})P_{F_B}-\Delta Q_{F_B}P_{D_A}-\Delta Q_{F_B}V_{C_B}+\Delta Q_{F_B}(V_{C_B}+V_{F_B})+\Delta Q_{F_B}(P_{C_B}-P_{F_B})]-[Q_{C_B}P_{C_B}+Q_{F_B}P_{F_B}-\Delta Q_{F_B}V_{C_B}-\Delta Q_{F_B}(V_{C_B}+V_{F_B})]=\Delta Q_{F_B}[(P_{C_B}-P_{D_A})+(P_{C_B}-2P_{F_B})+2V_{F_B}+2V_{C_B}] \tag{5-18}$$

式（5-18）中，$P_{C_B}-P_{D_A}>0$，$P_{C_B}-2P_{F_B}>0$。式（5-18）大于等于零说明耕地补充交易后，B 省从中获得利润。

与补偿土地整理成本时的收益相比，B 省支付土地发展权补偿时的收益变化用式（5-18）减去式（5-9）可得：

$$\Delta Q_{F_B}[(2P_{C_B}-P_{D_A})+2V_{F_B}+2(V_{C_B}-P_{F_B})]-\Delta Q_{F_B}[2P_{C_B}+(2V_{F_B}-V_{F_A})+2(V_{C_B}-P_{F_B})]=\Delta Q_{F_B}(V_{F_A}-P_{D_A}) \tag{5-19}$$

因为土地发展权大于耕地整理成本，故 $V_{F_A}-P_{D_A}<0$，式（5-19）小于零，与补偿土地整理成本时的收益相比，B 省获得补偿土地发展权时的收益减少了 $\Delta Q_{F_B}(V_{F_A}-P_{D_A})$。虽然与仅补偿土地整理成本时的收益相比，B 省的收益有所下降，但通过交易仍能从中获利，见式（5-18），故 B 省仍愿意与 A 省进行补充耕地交易。

此时的社会总利润变化为式（5-17）与式（5-19）之和：

$$\Delta Q_{F_B}(2P_{D_A}-V_{F_A})+\Delta Q_{F_B}(V_{F_A}-P_{D_A})=\Delta Q_{F_B}P_{D_A} \tag{5-20}$$

式（5-20）大于零，表明虽然 B 省收益减少，但此时的社会总福利增加了 $\Delta Q_{F_B}P_{D_A}$。

（三）补偿土地整理成本和土地发展权

由本节补充耕地交易后的收益变化对 B 省的分析可知，即使 B 省支付耕地开垦费用及土地发展权，它的收益 $\Delta Q_{F_B}[(P_{C_B}-2P_{F_B})+(2V_{F_B}-V_{F_A})+2V_{C_B}+(P_{C_B}-P_{D_A})]$ 见式（5-11）依然大于零；A 省获得补充土地发展权后的收益变化为 $\Delta Q_{F_B}(P_{F_A}-V_{F_A})$ 见式（5-16）加上耕地整理补偿金额 $\Delta Q_{F_B}V_{F_A}$，即 $\Delta Q_{F_B}P_{F_A}$。可得补偿土地整理成本和土地发展权时的社会总收益：

$$\begin{aligned}&\Delta Q_{F_B}P_{F_A}+\Delta Q_{F_B}[(P_{C_B}-2P_{F_B})+(2V_{F_B}-V_{F_A})+2V_{C_B}+(P_{C_B}-P_{D_A})]\\&=\Delta Q_{F_B}[P_{F_A}+(P_{C_B}-2P_{F_B})+(2V_{F_B}-V_{F_A})+2V_{C_B}+(P_{C_B}-P_{D_A})]\end{aligned} \tag{5-21}$$

而补偿土地发展权时，A 省收益变化为：$\Delta Q_{F_B}(P_{F_A}-V_{F_A})$ 见式（5-16）；B 省收益为：$\Delta Q_{F_B}[(P_{C_B}-P_{D_A})+(P_{C_B}-2P_{F_B})+2V_{F_B}+2V_{C_B}]$ 见式（5-18），可得补偿土地发展权时的社会总收益：

$$\begin{aligned}&\Delta Q_{F_B}(P_{F_A}-V_{F_A})+\Delta Q_{F_B}[(P_{C_B}-P_{D_A})+(P_{C_B}-2P_{F_B})+2V_{F_B}+2V_{C_B}]\\&=\Delta Q_{F_B}[(P_{F_A}-V_{F_A})+(P_{C_B}-P_{D_A})+(P_{C_B}-2P_{F_B})+2V_{F_B}+2V_{C_B}]\\&=\Delta Q_{F_B}[P_{F_A}+(P_{C_B}-2P_{F_B})+(2V_{F_B}-V_{F_A})+2V_{C_B}+(P_{C_B}-P_{D_A})]\end{aligned} \tag{5-22}$$

式（5-21）减去式（5-22）等于零，社会总收益不变，在补偿土地整理成本的基础上补偿土地整理成本时，土地整理成本实际上是 A 省与 B 省之间的转移支付。补偿土地发展权时，社会总收益增加说明至少要求补偿 A 省的土地发展权，但是否额外补偿耕地开垦费用需要看供求双方的竞争程度或博弈状况，即只要保证了补偿土地发展权的基准价，具体的“招、拍、挂”等交易方式不过是交易主体间的博弈，不影响社会福利，可以充分发挥市场机制，政府不需要对具体的交易方式进行干预。

由表 5-1 可知，无论是采取补偿土地整理成本还是采取补偿土地发展权，A 省和 B 省获得效用最大化的共同条件都是非农建设用地和耕地的边际替代率等于非农建设用地的价格与耕地价格之比，即 $\frac{\frac{\partial U}{\partial Q_{C_A}}}{\frac{\partial U}{\partial (Q_{F_A}+\Delta Q_{F_B})}}=\frac{P_{C_A}}{P_{F_A}}$ 或 $\frac{\frac{\partial U}{\partial (Q_{C_B}+\Delta Q_{F_B})}}{\frac{\partial U}{\partial (Q_{F_B}-\Delta Q_{F_B})}}=\frac{P_{C_B}}{P_{F_B}}$。另外，从社会总福利的变化来看，因为补偿土地发展权的社会总收益高于仅补偿土地整理成本时的总收益，而同时补偿土地发展权和土地整理成本时，社会总福利并没有变化，因此应采用社会总收益增加时的补偿土地发展权策略，耕地交易的基准定价至少应是补偿土地发展权，人为定价过高有可能使 B 省选择调节自身的土地用途配置，而不选择交易，A 省因此缺乏开垦资金，土地发展权为零；定价过低，如按耕地开垦成本补偿，虽能补足占用的耕地，但也可能因为价格过低而缺乏后续管理投入，出现耕地撂荒现象。故 $\Delta Q_{F_B}P_{F_A}$ 的“生产者剩余”空间需要通过市场化竞争或双方的博弈力量来决定。当引入市场化竞争时，若政府希望保护耕地一方获得更多的“生产者剩余”，则需要引入更多的需求竞争者，考虑除省级政府参与外，允许市县政府、企业、社会团体等参与，通过增加需求主体来提高相应的补充耕地交易价格。

表 5-1　跨省域补充耕地参与主体效用最大化条件的策略说明

额度	参与主体	效用最大化条件	收益	补偿	总收益变化
补偿土地整理成本	落实补充耕地的 A 省	$\frac{\frac{\partial U}{\partial Q_{C_A}}}{\frac{\partial U}{\partial(Q_{F_A}+\Delta Q_{F_B})}}=\frac{P_{C_A}}{P_{F_A}}$，$P_{C_A}=0$	$\Delta Q_{F_B}P_{F_A}-\Delta Q_{F_B}P_{D_A}$	$\Delta Q_{F_B}V_{F_A}$	—
	申请补充耕地的 B 省	$\frac{\frac{\partial U}{\partial(Q_{C_B}+\Delta Q_{F_B})}}{\frac{\partial U}{\partial(Q_{F_B}-\Delta Q_{F_B})}}=\frac{P_{C_B}}{P_{F_B}}$，$V_{F_A}=V_{F_B}+P_{C_B}-P_{F_B}$	$\Delta Q_{F_B}[2(P_{C_B}-P_{F_B})+(2V_{F_B}-V_{F_A})+2V_{C_B}]$	$-\Delta Q_{F_B}V_{F_A}$	
补偿土地发展权	落实补充耕地的 A 省	$\frac{\frac{\partial U}{\partial Q_{C_A}}}{\frac{\partial U}{\partial(Q_{F_A}+\Delta Q_{F_B})}}=\frac{P_{C_A}}{P_{F_A}}$，$V_{F_A}=0$	$\Delta Q_{F_B}(P_{F_A}-V_{F_A})$	$\Delta Q_{F_B}P_{D_A}$	比补偿土地整理成本的总收益增加 $\Delta Q_{F_B}P_{D_A}$
	申请补充耕地的 B 省	$\frac{\frac{\partial U}{\partial(Q_{C_B}+\Delta Q_{F_B})}}{\frac{\partial U}{\partial(Q_{F_B}-\Delta Q_{F_B})}}=\frac{P_{C_B}}{P_{F_B}}$，$P_{D_A}=V_{F_B}+P_{C_B}-P_{F_B}$	$\Delta Q_{F_B}[(P_{C_B}-P_{D_A})+(P_{C_B}-2P_{F_B})+2V_{F_B}+2V_{C_B}]$	$-\Delta Q_{F_B}P_{D_A}$	
补偿土地整理成本和发展权	落实补充耕地的 A 省	—	$\Delta Q_{F_B}P_{F_A}$	$\Delta Q_{F_B}V_{F_A}+\Delta Q_{F_B}P_{D_A}$	比补偿土地发展权的总收益增加 0
	申请补充耕地的 B 省	—	$\Delta Q_{F_B}[(P_{C_B}-2P_{F_B})+(2V_{F_B}-V_{F_A})+2V_{C_B}+(P_{C_B}-P_{D_A})]$	$-\Delta Q_{F_B}V_{F_A}-\Delta Q_{F_B}P_{D_A}$	

二、中央政府行为的影响

（一）中央政府与地方政府的关系

中央政府与地方政府在土地管理上的关系，类似于企业股东与经理人之间的委托代理关系。这里将它们之间的行为进行博弈分析。虽然它们之间可能面临多次地块交易的行为博弈，但因为不同地块的交易次数一般为单次交易，故在此简化分析，假设地方政府与中央管辖部门之间为单次静态博弈。

中央政府的策略空间为｛监督，不监督｝，即可以选择是否监督地方政府的行为；地方政府分为耕地供给者与需求者，他们的策略空间为｛遵守，不遵守｝。耕地供给者可以选择自觉遵守中央管辖部门的耕地保护要求和资金使用管理办法、遵守合同对保护耕地的相关要求，或私下里不遵守相关规定，占优补劣、占多补少，将补充耕地资金挪为他用等；耕地需求者可以选择自觉遵守中央管辖部门的仅限重大建设项目使用的限制设定或者选择挪用指标等行动。具体行动策略和收益矩阵如表 5-2 和表 5-3 所示。

表 5-2　中央政府与耕地供给方的委托代理博弈

参与人甲 \ 参与人乙		地方政府（耕地供给方）	
		遵守	不遵守
中央政府	监督	$(\pi_C - V_{S_A} - R_A,\ R_A - V_{M_A})$	$(\pi_C - V_{S_A} - V_{E_A} + F_A,\ -F_A)$
	不监督	$(\pi_C,\ -V_{M_A})$	$(\pi_C - V_{E_A},\ 0)$

表 5-3　中央政府与耕地需求方的委托代理博弈

参与人甲 \ 参与人乙		地方政府（耕地需求方）	
		遵守	违规
中央政府	监督	$(\pi_C - R_B - V_{S_B},\ R_B)$	$(\pi_C - V_{S_B} - V_{E_B} + F_B,\ \pi_{D_B} - F_B)$
	不监督	$(\pi_C,\ 0)$	$(\pi_C - V_{E_B},\ \pi_{D_B})$

在策略组合｛监督，遵守｝中，中央政府从补充耕地交易中按比例获取收益π_C，支付监督费用 V_{S_A} 和对地方政府（耕地供给方）的奖励金 R_A，总收益为$\pi_C-V_{S_A}-R_A$；地方政府获得奖励金额 R_A，支付管理成本 V_{M_A}，总收益为 $R_A-V_{M_A}$。

在策略组合｛监督，不遵守｝中，中央政府获取收益π_C，支付监督费用 V_{S_A}。因地方政府不遵守耕地保护要求，出现耕地撂荒现象，造成了 V_{E_A} 的损失，对地方政府处以罚金 F_A，总收益为$\pi_C-V_{S_A}-V_{E_A}+F_A$；地方政府不需要支付管理成本，即 $V_{M_A}=0$，但支付了罚金 F_A，总收益为$-F_A$。

在策略组合｛不监督，遵守｝中，中央政府获取收益π_C，不需要支付监督成本和奖励金额；地方政府支付管理成本 V_{M_A}，但未获得应有的奖励，总收益为$-V_{M_A}$。

在策略组合｛不监督，不遵守｝中，中央政府获取收益π_C，因地方政府违约损失了 V_{E_A}，总收益为$\pi_C-V_{E_A}$；地方政府未获得奖励金额，也未支付管理成本，收益为零。

对于中央政府来说，要想让地方政府遵守耕地保护的要求，必须使地方政府遵守规定时的收益大于不遵守时的收益，即 $R_A-V_{M_A}>-F_A$ 或$-V_{M_A}>0$。显然$-V_{M_A}>0$ 不可能成立，所以中央政府不能采用｛不监督｝的策略，而只能采取｛监督｝策略。由 $R_A-V_{M_A}>-F_A \Rightarrow R_A-F_A>V_{M_A}$ 可知，为了让地方政府遵守保护耕地的要求，中央政府的奖励金与处罚金的差额应大于耕地管理成本。

在策略组合｛监督，遵守｝中，中央政府从补充耕地交易中按比例获取收益π_C，支付监督费用 V_{S_B} 和对地方政府（耕地需求方）的奖励金 R_B，总收益为$\pi_C-R_B-V_{S_B}$；地方政府获得奖励金额 R_B。

在策略组合｛监督，不遵守｝中，中央政府获取收益π_C，支付监督费用 V_{S_B}。因地方政府不遵守用地要求，出现公益取向异变，造成了 V_{E_B} 的损失，对地方政府处以罚金 F_B，总收益为$\pi_C-V_{S_B}-V_{E_B}+F_B$；地方政府因改变土地用途，获得土地发展权收益$\pi_{D_B}$，支付罚金 F_B，总收益为$\pi_{D_B}-F_B$。

在策略组合｛不监督，遵守｝中，中央政府获取收益π_C，不需要支付监督成本；地方政府未获得应有的奖励，收益为零。

在策略组合｛不监督，不遵守｝中，中央政府获取收益π_C，因地方政府违约损失了V_{E_B}；地方政府获得土地发展权收益π_{D_B}。

对于中央政府来说，要想让地方政府遵守土地用途要求、不发生公益取向性异变，则需要使地方政府遵守规定时的收益大于不遵守时的收益，即$R_B>\pi_{D_B}-F_B$或$\pi_{D_B}<0$。显然，$\pi_{D_B}<0$不可能成立，所以中央政府不能采用｛不监督｝的策略，而只能采取｛监督｝策略。由$R_B>\pi_{D_B}-F_B\Rightarrow R_B-F_B>\pi_{D_B}$可知，为了让地方政府遵守保护耕地的要求，中央政府的奖励金与处罚金的差额应大于改变土地用途时的土地发展权收益。

（二）中央政府参与收益分配比例

由表5-2可知，与耕地供给方博弈时，中央政府选择｛监督｝策略的收益应大于等于零；当耕地供给方不遵守耕地保护的要求时，中央政府监督的收益高于不监督的收益，否则采取｛不监督｝的策略，故要求：

$$\begin{cases}\pi_C-V_{S_A}-R_A\geqslant 0\\ \pi_C-V_{S_A}-V_{E_A}+F_A\geqslant 0\\ \pi_C-V_{S_A}-V_{E_A}+F_A\geqslant \pi_C-V_{E_A}\end{cases}$$

$$\Rightarrow\begin{cases}\pi_C\geqslant V_{S_A}+R_A\\ \pi_C\geqslant V_{S_A}+V_{E_A}-F_A\\ F_A\geqslant V_{S_A}\end{cases}\tag{5-23}$$

由前文推导可知，为了让地方政府遵守保护耕地的要求，中央政府的奖励金与处罚金的差额应大于耕地管理成本，即$R_A-F_A>V_{M_A}$，代入式（5-23）可得：

$$\begin{cases}\pi_C\geqslant V_{S_A}+V_{M_A}+F_A\\ \pi_C\geqslant V_{S_A}+V_{E_A}-F_A\\ F_A\geqslant V_{S_A}\end{cases}$$

$$\Rightarrow\begin{cases}\pi_C \geqslant V_{S_A}+\dfrac{V_{M_A}+V_{E_A}}{2} \\ F_A \geqslant V_{S_A}\end{cases} \tag{5-24}$$

上述分析说明，中央政府从补充耕地交易中获取的收益π_C应不低于支付监督费用V_{S_A}加上管理成本V_{M_A}与耕地撂荒损失V_{E_A}之和的一半，即$\pi_C \geqslant V_{S_A}+\frac{V_{M_A}+V_{E_A}}{2}$；对于耕地供给方违约的罚金$F_A$应大于等于其造成的损失$V_{S_A}$；对耕地供给方的奖励金$R_A$，应大于耕地供给方的管理成本$V_{M_A}$与罚金$F_A$之和。

由表5-3可知，与耕地需求方博弈时，中央政府选择｛监督｝策略的收益应大于等于零；当耕地供给方不遵守公益项目或重大项目的要求时，中央政府监督的收益应高于不监督的收益，否则采取｛不监督｝的策略，故要求：

$$\begin{cases}\pi_C-R_B-V_{S_B} \geqslant 0 \\ \pi_C-V_{S_B}-V_{E_B}+F_B \geqslant 0 \\ \pi_C-V_{S_B}-V_{E_B}+F_B \geqslant \pi_C-V_{E_B}\end{cases}$$

$$\Rightarrow\begin{cases}\pi_C \geqslant V_{S_B}+R_B \\ \pi_C \geqslant V_{S_B}+V_{E_B}-F_B \\ F_B \geqslant V_{S_B}\end{cases} \tag{5-25}$$

由前文推导可知，为了让地方政府遵守保护耕地的要求，中央政府的奖励金与处罚金的差额应大于耕地需求方改变土地用途时的土地发展权收益，即$R_B-F_B>\pi_{D_B}$，代入式（5-25）可得：

$$\begin{cases}\pi_C \geqslant V_{S_B}+\pi_{D_B}+F_B \\ \pi_C \geqslant V_{S_B}+V_{E_B}-F_B \\ F_B \geqslant V_{S_B}\end{cases}$$

$$\Rightarrow\begin{cases}\pi_C \geqslant V_{S_B}+\dfrac{\pi_{D_B}+V_{E_B}}{2}\\ F_B \geqslant V_{S_B}\end{cases} \tag{5-26}$$

上述分析说明，中央政府从补充耕地交易中获取的收益π_C应不低于支付监督费用V_{S_B}加上耕地需求方改变土地用途时的土地发展权收益π_{D_B}与耕地需求方违约造成的损失V_{E_B}之和的一半，即$\pi_C \geqslant V_{S_B}+\dfrac{\pi_{D_B}+V_{E_B}}{2}$；对于耕地供给方违约的罚金$F_B$应大于等于其造成的损失$V_{S_B}$；对耕地供给方的奖励金$R_B$应大于耕地需求方改变土地用途时的土地发展权收益$\pi_{D_B}$与罚金$F_B$之和。

综合考虑耕地供给方和需求方的监督费用可知，中央政府从补充耕地交易中获取的收益π_C应不低于两项监督费用之和，即$\pi_C \geqslant \left(V_{S_A}+\dfrac{V_{M_A}+V_{E_A}}{2}\right)+\left(V_{S_B}+\dfrac{\pi_{D_B}+V_{E_B}}{2}\right)$。故跨省域补充耕地的交易价格应大于等于基准价格加上中央政府获取的收益，即：

$$\pi_{T_B}=\Delta Q_{F_B}P_T-\Delta Q_{F_B}P_{D_A}-\pi_C \geqslant 0$$

$$\Rightarrow \Delta Q_{F_B}P_T-\Delta Q_{F_B}P_{D_A}-\left(V_{S_A}+\frac{V_{M_A}+V_{E_A}}{2}\right)-\left(V_{S_B}+\frac{\pi_{D_B}+V_{E_B}}{2}\right)\geqslant 0$$

$$\Rightarrow P_T \geqslant P_{D_A}+\frac{\left(V_{S_A}+\dfrac{V_{M_A}+V_{E_A}}{2}\right)+\left(V_{S_B}+\dfrac{\pi_{D_B}+V_{E_B}}{2}\right)}{\Delta Q_{F_B}} \tag{5-27}$$

其中，π_{T_B}表示耕地需求方（B 省）交易后的净收益，P_T表示交易价格。从式（5-27）中可以看出，π_{T_B}与耕地供求双方的违约行为造成的损失V_{E_A}及V_{E_B}、耕地供给方的土地管理成本V_{M_A}、耕地需求方的违约所得π_{D_B}等呈反向变动关系，表明中央政府若依据耕地供求双方的是否守约的行为采用动态的收益提取方式而非按固定比例的收益计提方式更有利于督促供求双方，尤其是督促耕地需求方遵守法规，并协助中央政府监督耕地供给方节约土地管理成本及履约，对耕地供求双方的行为起到警示和有效制约作用。

第二节　考虑风险的发展权定价模型

一、发展权的界定

农用地发展权可以细分为基本发展权、实体发展权和虚拟发展权。基本发展权指农地的外部价值，包括生态价值、社会价值和精神价值；实体发展权指由于土地投资的累积以及土地资源稀缺形成的土地增值；虚拟发展权是指根据规划和用途管制规则，为满足在规划建设区内保留生态环境、自然景观和开放空间的需要，对特定土地设定的限制开发的发展权（王永慧和严金明，2007；王永慧，2015）。根据《中华人民共和国土地管理法》第四条规定，农用地包括耕地、林地、草地、农田水利用地、养殖水面等，故耕地的土地发展权是农用地发展权的组成部分。

由于跨省域补充耕地指标交易的标的物为“耕地指标”，耕地供给方出让的“耕地指标”意味着增加了同等面积大小的耕地，并丧失了其他土地用途的机会，故本书所指的“耕地指标”的土地发展权实际上是一种虚拟发展权。耕地的虚拟发展权价值属于社会公共物品，它承担了粮食安全、环境保护的重任，但并未获得相应的回报，因此补充耕地交易时应对农地产权人进行补偿。王永慧和严金明（2007）认为，“虚拟发展权价值=基本发展权价值+农地非农开发的机会损失补偿”，即“虚拟发展权价值=耕地开垦费、耕地占用税+生态环境补偿+失地农民社会保障费用+农地非农开发的机会损失补偿”。然而，在本章前文的分析中，分三种情况考察了供求主体的利益博弈：补偿土地整理成本、补偿土地发展权、同时补偿土地整理成本和土地发展权，可见本书对发展权的界定不包含土地整理成本，故计算耕地虚拟发展权时不适合采用上述测算方法。

耕地发展权的内涵包括狭义与广义两个方面：狭义的耕地发展权是指

将耕地转变为建设用地的权利；广义的耕地发展权是指将耕地转变为最佳利用方式的权利和提高耕地利用强度的权利。祝平衡（2009）认为发展权是因土地使用限制而提出来的，它的内涵包括：①从集体所有的农用地向集体建设用地转变。②从农用地向国有建设用地转变。③建设用地利用强度的改变和调整（屠帆，2013）。因此，土地发展权价格的测算包括：①改变土地用途（生态、农业、工业、住宅、商业用地等）所产生的价格差。②由于经济社会发展和土地利用规划导致土地区位的改变所产生的价格差。③改变土地利用强度所产生的价格差。

如图 5-2 所示，跨省域补充耕地指标交易的土地发展权涉及三个价值变化：①土地用途变更的价值变化，即 B 省获得耕地指标后，该省相应面积的耕地转为建设用地（如图 5-2 中右侧的价值变化所示）。②土地区位改变的价值变化，即由落后地区转向发达地区。③土地利用强度变更的价值变化，即由土地利用率较低的落后地区（A 省）转向土地利用强度较高的发达地区（B 省）。但对于耕地供给方 A 省来说，如果没有跨省域补充耕地指标交易，它的耕地指标的价值变化很大概率上只涉及农用地用途变更的价值变化（如图 5-2 中左侧虚线标注的价值变化所示），而发生区位价值变化和建设用地利用强度变化的可能性较低，如果测算土地发展权时把另两个价值变化测算在内时，则可能会侵占原本应属于 B 省的价值变化，在很大程度上降低了 B 省的交易积极性，故测算 A 省耕地的土地发展权时，只测算农用地转为集体建设用地时的土地用途变更的价值变化，即测算的是狭义的耕地发展权，应采用改变土地用途时土地发展权价格测算公式：

$$P_{D_A} = \int_0^{\infty} e^{-rt}[h(t) - f(t)]dt \tag{5-28}$$

其中，f（t）表示耕地的年净收益，净收益的贴现率为 r，获取土地净收益的年限为 t，假设农民对土地拥有无限的使用年限，则 t 趋向于无穷大。h（t）表示建设用地的土地年净收益，它可以规划为工业用地、住宅用地或商业用地，一般商业用地的价值最大，工业用地价值最小，住宅用地价值居中（祝平衡，2009）。

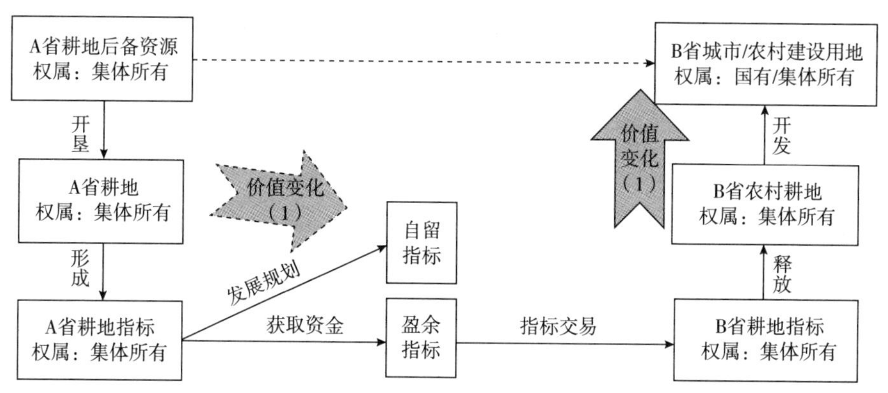

图 5-2　跨省域补充耕地指标交易的土地发展权

值得注意的是，图 5-2 中 A 省、B 省都涉及了土地用途变更的价值变化，其中，B 省土地用途变更表现为基本发展权、实体发展权的变化，而 A 省的土地用途变更则表现为虚拟发展权的变化。从图 5-2 中可以看出，A 省的土地用途变更所能获得的最大收益是本省的建设用地收益，故 A 省的土地虚拟发展权公式中的 h(t) 应测算本省的耕地非农开发的机会收益，而非 B 省的建设用地开发收益。另外，从 A 省的发展机会来看，由于区位优势不明显，商业用地获益的机会相对较小，而工业用地的价值又低于住宅用地，故补偿 A 省耕地非农开发机会收益 h(t) 选择住宅价值进行测算相对合理。

将式（5-28）代入式（5-27）可得：

$$P_T \geqslant \int_0^{\infty} e^{-rt}[h(t)-f(t)]dt + \frac{\left(V_{S_A}+\dfrac{V_{M_A}+V_{E_A}}{2}\right)+\left(V_{S_B}+\dfrac{\pi_{D_B}+V_{E_B}}{2}\right)}{\Delta Q_{F_B}} \tag{5-29}$$

二、农业风险定价

农业是典型的风险产业，它的生产经营收益具有季节性和不确定性，易受自然灾害风险、市场风险、政策风险、技术风险等影响，使得农业生产易面临经济损失。跨省域补充耕地的土地发展权定价有别于现行的地票基准定价制度，因为现行的地票交易只涉及本省域内的城乡建设用地，本省各地区的农业风险差距较小，或者在统一的本省域财政管理范围内，随时可以对风险损益进行补偿。而跨省域补充耕地则涉及省际间的差异，如地理差异、经济差异、人文差异等。单从农业角度来说，农业面临的自然风险、经济风险、技术风险各不相同，政策措施也稍有区别，并且交易完成后很难对风险损失进行追偿。对A省而言，增加耕地面积意味着农业风险的增加，耕地面积的增加也有可能面临撂荒、灾荒等负收入现象。对土地发展权估价还应考虑各地区的风险调节系数差异，有的地方生产风险大一些（如蝗虫灾害、水灾、旱灾），有的地方经济风险系数较大（如交通便利情况、市场交易情况等）。然而，目前国内外对于土地发展权的评估并未将地区的农业风险差异考虑在内。

因为自然风险和技术风险通常体现在粮食的生产中，而政策风险和市场风险则主要体现在经济风险中，故测度土地价格损益时主要测算农业的生产风险和经济风险。对于耕地指标提供者A省来说，无论土地用于从事农业还是二三产业，产品价格都会受交通便利情况、市场交易情况影响，即都会面临经济风险，如果将经济风险计入发展权定价，对于B省不公平，故只补偿农业的生产风险。

（一）生产风险测度

1. 剥离趋势产量测度风险方法的局限性

农业生产风险是指农业生产过程中发生的偏离生产者预期目标的程度，这个偏离程度受各地区地形、土壤条件、气候、技术装备、服务体系、种植结构等影响（聂荣和沈大娟，2017）。农业生产风险测度主要是测度粮食的单产风险，粮食单产包括趋势产量和波动产量，趋势产量受技术进步、生产要素投入影响，在长期中呈不断上升趋势；波动产量则受自然灾害等随机因素扰动，在短期内围绕上升趋势频繁波动。粮食生产风险是指剥离趋势产量后的波动产量（徐磊和张峭，2011），即：

$$Y_t^C = Y_t^{TC} - Y_t^T \tag{5-30}$$

其中，$\{Y_t^C\}$ 表示含有波动产量的时间序列，即粮食生产风险；$\{(Y_t^{TC} \mid t=1, 2, \cdots, n\}$ 是包含趋势产量和波动产量的粮食单产时间序列；$\{Y_t^T\}$ 表示含有趋势产量的时间序列。因为波动产量 $\{Y_t^C\}$ 为带有“量纲”的绝对值，可比性较差，而相对随机波动值既可以表示粮食生产风险大小，同时又具有不受时间和空间影响、可比性较好，故学者们构造了序列 $Risk(t)=\frac{Y_t^{TC}-Y_t^T}{Y_t^T}\times 100\%$，用以反映粮食单产风险的相对随机波动情况。从 $Risk(t)=\frac{Y_t^{TC}-Y_t^T}{Y_t^T}\times 100\%$ 中可以看出，趋势产量 $\{Y_t^T\}$ 的度量与预测的准确性是评估粮食生产风险的核心，构建基于参数估计方法的模型需要选择合适的分布函数形式。已有研究表明，简单地假定 $\{Y_t^T\}$ 服从正态分布并不准确，会对粮食生产风险评估结果造成极大的误差，它更多地表现为 Beta 分布、Gamma 分布、Weibull 分布、Burr 分布、Logistic 分布、Lognormal 分布和 JohnsonSB 分布等分布函数形式。Goodwin 和 Ker（1998）指出，由于作物产量是非对称和负偏态的，估计产量风险时使用正态分布是不合适的，负偏态可能更适合用 Beta 分布进行模拟；而反双曲正弦变换方法也比正态分布的方法更灵活；虽然可以使用非参数密度捕获产量分布的局部特性，但对数据量要求较高、需要选择核函数和带宽。徐磊和张峭（2011）选取 9 种分布模型（Beta 分布、Burr 分布、Gamma 分布、JohnsonSB 分布、Log-Logistic 分布、Logistic 分布、Lognormal 分布、Normal 分布和 Weibull 分布），利用 AD 检验、K-S 检验和卡方检验对 13 个粮食主产省粮食生产风险概率分布最优模型进行选择，发现除了吉林省粮食生产风险的最优概率分布为正态分布，辽宁省和江西省粮食生产风险服从 Log-Logistic（3P）分布，黑龙江省、河北省和四川省服从 JohnsonSB 分布，内蒙古自治区和湖南省服从 Logistic 分布，河南省、湖北省、山东省、江苏省和安徽省的粮食生产风险最优概率分布模型为 Burr（4P）分布。然而，这些拟合结果是依靠数据、运用统计学方法获得的，缺少微观生产的理论基础。由于缺乏微观经济理论基础，生产风险的概率分布模型常常存在错误设定。

Skees 和 Barnett（1997）则将产量划分为趋势产量和残差，用残差代表损失，即式（5-30）中的 Y_t^C 用残差 e 表示，即 $e=Y_t^{TC}-Y_t^T$。粮食单产风险测度通常用于保险费率厘定，即测算某一年自然灾害发生时，与历史数据预测的粮食趋势线的偏离程度。当测算偶然一次的生产风险时，残差 $e=Y_t^{TC}-Y_t^T$ 具有一定的合理性，但在跨省域补充耕地指标交易定价情形下并不适用。因为耕地交易意味着至少几十年（永久基本农田时间更长远）耕地使用权的交付，并非测度未来偶然一次的生产风险。而如果依据历史的风险进行测度用以定价，则在用历史数据测算趋势时，$\sum e_t^2=0$，即波动产量之和等于零。这意味着过去发生的自然风险已经被隐藏在产量趋势 Y_t^T 或残差平方和 $\sum e_t^2=0$ 里，无法测度土地定价里的风险补偿。但实际上，偶然一次的自然风险对农业的影响可能相当严重。所以，粮食单产测度虽然适用于保险费厘定，但却无法用于耕地交易里的生产风险补偿估计。

此外，自然风险不受人为因素控制，具有偶发性。目前，自然风险的灾害损失一般由国家财政或保险公司补偿。虽然跨省域补充耕地指标交易使得耕地供给方从事农业的自然风险增大，但自然风险属于偶发事件而非耕地需求方的交易行为必然导致，若将自然风险转嫁给耕地需求方在一定程度上缺乏合理性。

2. 技术效率测度农业生产风险的合理性

农业生产风险包含了自然风险和技术风险，自然风险不应转嫁或很难计入土地定价模型里。而从本书第二章的分析中可知，跨省域补充耕地有可能面临不可逆转的人力资本流动困境，并且会加大省际间的人力资本差距。而人力资本在一定程度上表现为农业生产的技术效率，表明跨省域补充耕地有可能带来技术风险，这意味着将技术效率用于测度农业生产风险具有一定的合理性。

技术效率测度农业风险具有一定的微观理论基础。农业生产风险测度方法虽然不适合将 Y_t^C 视为残差 e，或不适合将自然风险计入土地定价中，但从粮食产量中剥离趋势产量来测度生产风险的思想和方法依然具有一定的借鉴性和合理性。不少学者认为，在生物、农业、工程以及经济科学中，

生成“S”形生产曲线较为普遍。如聂荣和沈大娟（2017）指出，在农业生产中，由于资源相对稀缺，影响粮食单产增长的主导因素是栽培技术革新以及品种、农药和化肥等要素的科技进步，当这些利导因素起主要作用时，增长速度加快，但随着利导因素的消耗和被利用，限制因素逐渐凸显，增长速度受到限制，这就决定着作物单产的增长过程具有饱和性和极限性，即符合“S”形生长曲线过程。在“S”形曲线簇中，Logistic 曲线具有许多性质得到了广泛的应用，它更适合作为趋势产量的模型。金璟等（2011）认为粮食单产随着农业科技的进步具有增产的可能性，但其增长受植物自然生长条件的限制，会达到一个光合作用的极限产量，适合采用 Logistic 预测粮食单产趋势值。如图 5-3 所示，产量增加的速度随着时间 t 的增加而趋缓，$\hat{Y}$ 曲线呈“S”形。

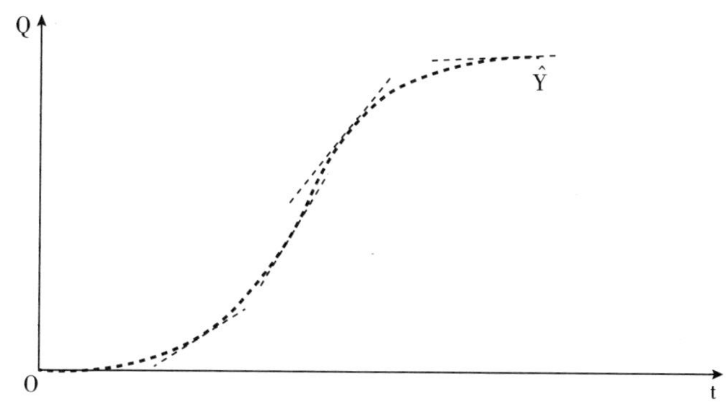

图 5-3 Logistic 预测粮食单产的趋势线

虽然不少学者认为粮食单产符合 Logistics 生产曲线形式，即粮食单产会随着农业科技的进步而增产，但最终因植物自然生长条件的限制会达到一个极限产量。但这些认知也仅限于经验判断，并未给出理论论证。

从生产理论来看，假定粮食生产服从两要素投入的柯布—道格拉斯生产函数，投入要素分别为劳动力 L 和资本 K，如图 5-4 所示。有四条等产量线 Q_1、Q_2、Q_3、Q_4，假设这四条等产量线是技术变化引起的产量递增，而非生产规模扩张导致。

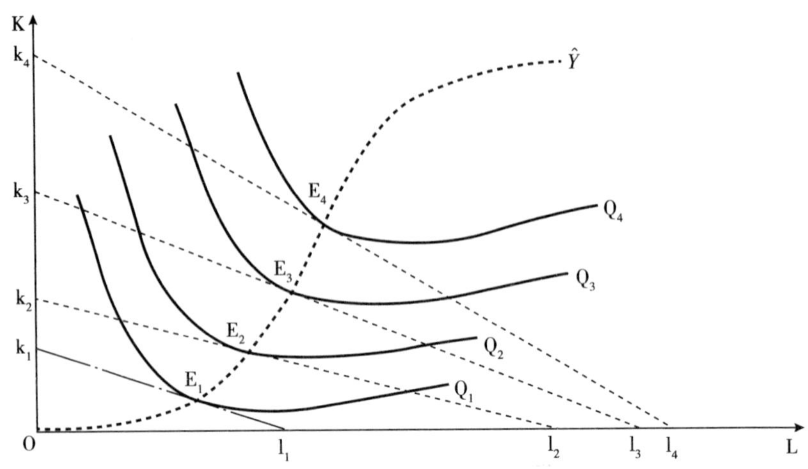

图 5-4　粮食生产的趋势线

马克思的劳动价值论指出，“比较复杂的劳动只是自乘的或不如说是多倍的简单劳动”，因此，少量的复杂劳动等于多量的简单劳动。“一个商品可能是最复杂的劳动的产品，但是它的价值使它与简单劳动的产品相等，因而本身只表示一定量的简单劳动。各种劳动化为当作它们的计量单位的简单劳动的不同比例，是在生产者背后由社会过程决定的”①。技术进步亦是复杂的劳动带来的，它隐含在农民劳作的熟练程度、劳动者技能的提高上，而机械装备、化肥、农药等生产资料包含了其他劳动力的复杂劳动。虽然从表面上来看，投入的劳动力人数并没有变化，但实际上技术进步使得产量曲线由 Q_1 增加至 Q_2、Q_3、Q_4 的过程中隐含了劳动量的增加，表现为劳动由 l_1 至 l_2、l_3、l_4。为了简化分析，在微观经济理论以及马克思资本论里的分析都是将劳动力假定为简单劳动力，“为了简便起见，我们以后把

① 马克思，恩格斯．资本论（纪念版）（第一卷）［M］．中共中央马克思恩格斯列宁斯大林著作编译局，编译．北京：人民出版社，2018：58.

各种劳动力直接当作简单劳动力，这样就省去了简化的麻烦”①。

为了深入分析生产的趋势，图 5-4 将复杂劳动、劳动力的增加同样视为劳动投入的增加。四条等产量线分别与成本线相切于点 E_1、E_2、E_3、E_4（与生产扩展线不同，生产扩展线的成本线为等成本线，而这里的成本线为变动的成本线），这四个切点都是生产者选择的均衡点。初始阶段技术水平较低，产量的提高主要依靠增加劳动力投入或依靠农民劳作的熟练程度，故这时候产量由 Q_1 增加至 Q_2 主要依靠的是劳动 L 的增加，即要素投入比例改变，$\frac{k_1}{l_1}>\frac{k_2}{l_2}$。随着技术水平的不断提高，化肥、农药、机械等资本的投入相对增多，农民也需要掌握喷洒农药、操作机械等生产技术，故劳动复杂程度也同时增加，但技术带来的劳动复杂程度没有化肥、农药、机械等包含的劳动复杂程度高，产量的增加更多地依靠化肥、农药、机械等资本的投入，即$\frac{k_2}{l_2}<\frac{k_3}{l_3}$，$\frac{k_3}{l_3}<\frac{k_4}{l_4}$。劳动力投入相对减少，表现为图 5-4 中 l_2l_3 的线段距离大于 l_3l_4 的线段距离，直到产量的增加受到要素投入的限制。将 E_1、E_2、E_3、E_4 等均衡点连接起来，可以得到一条生产的趋势曲线 $\hat{Y}$，它的形状大致与 Logistic 曲线形状相符，与图 5-3 的形状相似。因为图 5-4 中的等产量线 Q_1、Q_2、Q_3、Q_4 体现了不同时期的技术进步带来的产量的提高，所以图 5-4 中的曲线 $\hat{Y}$ 也体现了产量随时间而变化的趋势。

（二）技术效率测定

1. 模型设定与数据说明

由于超越对数函数具有更好的灵活性和包容性，能够展现要素之间的替代关系，因此，较多学者采用超越对数函数测度粮食生产技术效率。因考虑到其线性后的二次函数（边际报酬递减规律）呈现一定的 Logistics 曲线形状，本书选用超越对数生产函数，其线性化形式为：

---

① 马克思，恩格斯．资本论（纪念版）（第一卷）［M］．中共中央马克思恩格斯列宁斯大林著作编译局，编译．北京：人民出版社，2018：58.

$$\ln Y_{it}=\ln A+\alpha_1\ln L_{it}+\alpha_2(\ln L_{it})^2+\beta_1\ln K_{it}+\beta_2(\ln K_{it})^2+\beta_3\ln L_{it}\ln K_{it}+V_{it}-U_{it} \tag{5-31}$$

其中，Y_{it} 表示 i 省第 t 年的粮食产量；L_{it} 表示 i 省第 t 年的劳动投入；K_{it} 表示 i 省第 t 年的资本投入，包括土地、农资、机械等；α_1、α_2、β_1、β_2、β_3 为待估参数；V_{it} 为随机误差项，是农业生产过程中受到无法控制的地理、气候、自然灾害等因素对产量带来的影响，因影响方向无法确定，因此为双边误差，$V_{it}\sim N(0,\sigma_v^2)$；$U_{it}\sim N^+(m_{it},\sigma_u^2)$ 为生产中与人为因素造成的误差，也称管理误差（张清学等，2021），当其取 0 时，生产水平达到前沿面，为单边误差项。函数 $f(*)=\ln A+\alpha_1\ln L_{it}+\alpha_2(\ln L_{it})^2+\beta_1\ln K_{it}+\beta_2(\ln K_{it})^2+\beta_3\ln L_{it}\ln K_{it}$ 代表现有技术水平能够实现的最大产出。粮食生产技术效率用式（5-32）估计：

$$TE_{it}=\frac{E(Y_{it}\mid U_{it},X_{it})}{E(Y_{it}^*\mid U_{it}=0,X_{it})}=\exp(-U_{it}) \tag{5-32}$$

其中，Y_{it} 表示实际产出，Y_{it}^* 表示技术效率损失为零时的最大产出。TE_{it} 是介于 0~1 的数值，数值越接近 1，其技术效率越高。

除了各省粮食总产量指标可以查到 2021 年的数据之外，其他数据指标大多数只统计至 2019 年，故本书主要采用 2005~2019 年的面板数据。基于面板数据的随机前沿模型放松了假设条件，对于随机误差与解释变量的相关性、随机误差项分布的要求相应放宽，当样本容量较大时，估计出的技术效率依然具有很强的稳健性①。数据主要来源于 CEIC 数据库、中国资讯行——中国统计数据库以及国家统计局网站：

（1）总产出。

选用了各省的粮食总产量。因为产值涉及价格，虽然通过平减可以进行时间纵向上的比较，但地区价格有时候存在差异，不利于跨省的截面横向比较，故在此采用产量而非产值数据。

---

① 任燕燕，吕洪渠，王娜．动态面板空间随机前沿模型的参数估计及应用［J］．统计研究，2019，36（11）：113-124.

（2）劳动投入。

在计算粮食产业的劳动生产率时，因缺乏从事粮食生产的劳动力数量指标，不少学者选用第一产业的就业人员作为劳动力投入指标的数据，《中国发展报告 2015》也同样采用了第一产业就业人员来计算粮食的劳动生产率。本书原计划采用 CEIC 的“从业人数：第一产业：地级市”指标，但经过整理发现，该指标数据与第一产业实际从业人数存在很大差距。例如，在该指标下，2012 年河北省的第一产业从业人数汇总可得 5.03 万人，远低于国家统计局“乡村农林牧渔业从业人员”的 1419.85 万人。除了“从业人数：第一产业：地级市”指标里各省份可能遗漏部分市县的统计数据之外，该指标有可能统计的是第一产业的城镇就业人数。故本书采用国家统计局的乡村农林牧渔业从业人员，不包含农林牧渔业的城镇从业人员，相比之下，更接近真实的粮食产业劳动投入。但是，国家统计局只能查到 2009~2012 年的乡村农林牧渔业从业人员数据，缺失 2013~2019 年的数据，故本书主要采用的是非平衡面板数据。

（3）资本投入。

因为粮食产业的资本投入主要用于购买生产资料，可以查找到的固定资产存量与农业相关度较高，但与本书研究的粮食生产的直接关联度不高，没有切实可用的粮食生产资本投入数据，故为了得到更真实的粮食生产测算结果，本书从资本购买的生产资料投入出发，把各项物质资料投入视作资本投入，包括了化肥、农药、牛、机器、农用塑料薄膜、水等，因为资本涉及的农用大棚并没有普及，用塑料薄膜使用率较高，尤其是低收入群体使用塑料薄膜的概率大于农用大棚，故在此认为农用塑料薄膜等中间产品数据比固定资产存量数据更为贴切。而资本投入的水利设施、蓄水池则体现在灌溉面积的土地投入和水库总库容量的数据中。

（4）土地投入。

土地投入采用的是播种面积、有效灌溉面积而不是耕地面积。因为播种面积是以每个种植季节结束调查时实际存有农作物的土地面积计算，不包括调查前已经成片死亡和由于基本建设等原因而毁损的面积。它并不是单纯的耕地面积的统计，而是实际包含了不同成熟时期作物的影响。如种植一年三熟的作物，其播种面积必然比一年一熟的作物播种面积要大。播种面积因为包含了气候的影响，从而比耕地面积更能精确地反映现实情况。有效灌溉面积是地块比较平整，有一定的水源、灌溉设施配套，在一般年景下当年能进行正常灌溉的农田面积。有效灌溉面积的大小是衡量农业生产单位和地区水利化及农业生产稳定程度的指标，它等于正常灌溉的水田和旱地中水浇地面积之和。具体指标为“农业：播种面积”“农业：有效灌溉面积”。

国家的粮食补贴政策从 2004 年开始实施，本书采用的是 2005 年以后的数据，不存在政策实施前后的对比，在此不纳入粮食补贴政策作为解释变量，不考虑 DID 模型。具体的要素投入包括：Y_{it} 表示 i 省第 t 年的粮食总产量（吨），L_{it} 表示 i 省第 t 年的乡村农林牧渔业从业人员数量（人），S_{it} 表示 i 省第 t 年的播种面积（公顷），I_{it} 表示 i 省第 t 年的有效灌溉面积（公顷），P_{it} 表示 i 省第 t 年的农药投入量（吨），MA_{it} 表示 i 省第 t 年的农用机械总动力（万千瓦）。D_{it} 表示 i 省第 t 年的农用柴油使用量（吨），ME_{it} 表示 i 省第 t 年的农用塑料薄膜（吨），F_{it} 表示 i 省第 t 年的农用化肥施用折纯量（吨），W_{it} 表示 i 省第 t 年的水库总库容量（亿立方米）。

2. 技术效率测度的实证分析

从图 5-5 中可以看出，各省的粮食总产量存在着较大的差异。北京、浙江、福建粮食总产量呈现出递减的趋势，以北京的粮食总产量变动最为明显；内蒙古、安徽、山东、黑龙江粮食总产量较高，且呈现递增的趋势；贵州、辽宁的粮食总产量呈现一定的波动状态。从总体趋势来看，大多数省份的粮食总产量变动幅度并不大，表明了耕地保护政策具有一定的效果。

由于省际间可能存在空间上的相关性，故在此对粮食总产量的省际空间依赖性进行考察。对地理二元邻近权重矩阵标准化后，测度粮食总产量的全局莫兰指数和局部莫兰指数，发现确实存在正向的空间相关性，如表 5-4 所示。表中，莫兰指数位于［0.231，0.307］，正相关性相对较低。农业与二三产业不同，二三产业的生产模式或技术等的可参照、可复制性较强，而农业尤其是粮食产量易受自身地理环境、气候因素等影响，省际间的

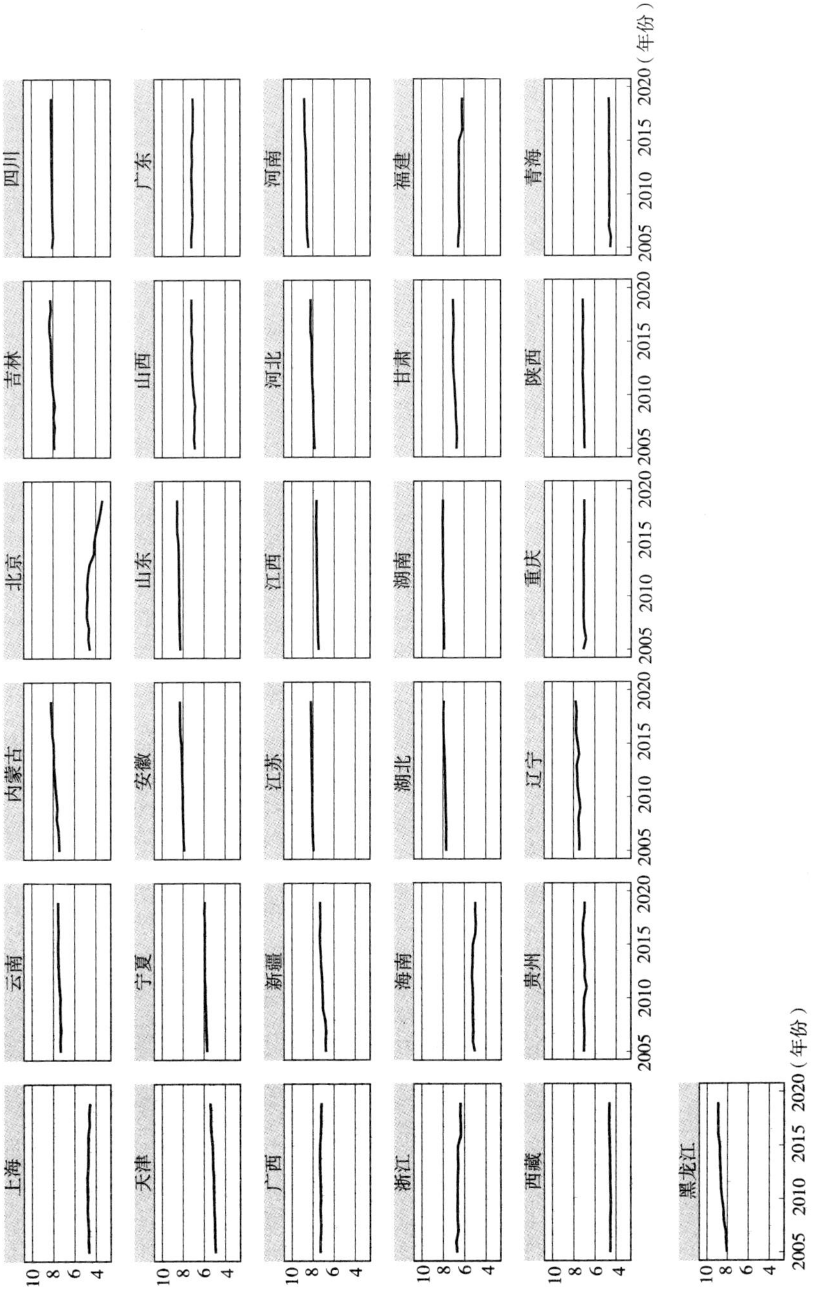

图 5-5　各省粮食总产量对数的时间趋势

可复制性相对较弱。从表 5-4 中可以看出，虽然莫兰指数并未随着时间推移逐年递增，但总体上还是体现了一定的增长趋势，尤其是 2016 年以后，莫兰指数基本维持在 0.3 以上，明显高于 2010 年之前的莫兰指数值。分析其原因，可能是随着农业现代化的推进和农业技术的进步，各省之间尤其是邻近省份之间相互学习、交流经验机会增加，而技术具有一定的复制、溢出效应，故相对于 2010 年以前较低技术水平的农业，技术进步在一定程度上提高了省际间的空间相关性。

表 5-4　粮食总产量的全局莫兰指数检验结果

Moran'I					
Variables	I	E（I）	sd（I）	z	p-value*
output2005	0.231	-0.033	0.118	2.236	0.013
output2006	0.258	-0.033	0.118	2.477	0.007
output2007	0.254	-0.033	0.117	2.446	0.007
output2008	0.261	-0.033	0.118	2.499	0.006
output2009	0.227	-0.033	0.118	2.212	0.013
output2010	0.243	-0.033	0.118	2.348	0.009
output2011	0.251	-0.033	0.118	2.418	0.008
output2012	0.261	-0.033	0.118	2.502	0.006
output2013	0.270	-0.033	0.118	2.577	0.005
output2014	0.258	-0.033	0.117	2.482	0.007
output2015	0.265	-0.033	0.117	2.541	0.006
output2016	0.307	-0.033	0.117	2.917	0.002
output2017	0.306	-0.033	0.117	2.911	0.002
output2018	0.290	-0.033	0.116	2.783	0.003
output2019	0.303	-0.033	0.117	2.886	0.002

图 5-6 中，2005 年和 2019 年各省份都呈现了显著的“高—高（H-H）”“低—低（L-L）”空间集聚特征。相对于 2015 年，2019 年的趋势线斜率更陡，散点更明显地集中于第一象限、第三象限，其空间相关性高于 2015 年。虽然农业的空间相关性相对较低，只有 0.3 左右，但随着农业

技术的进步，空间相关性呈现了一定的增长趋势，因此，有必要在面板随机前沿模型的基础上纳入空间效应进行考察。

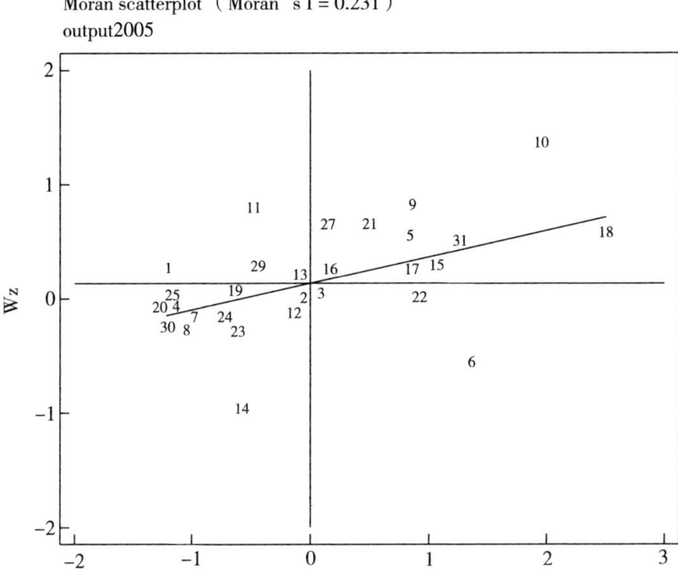

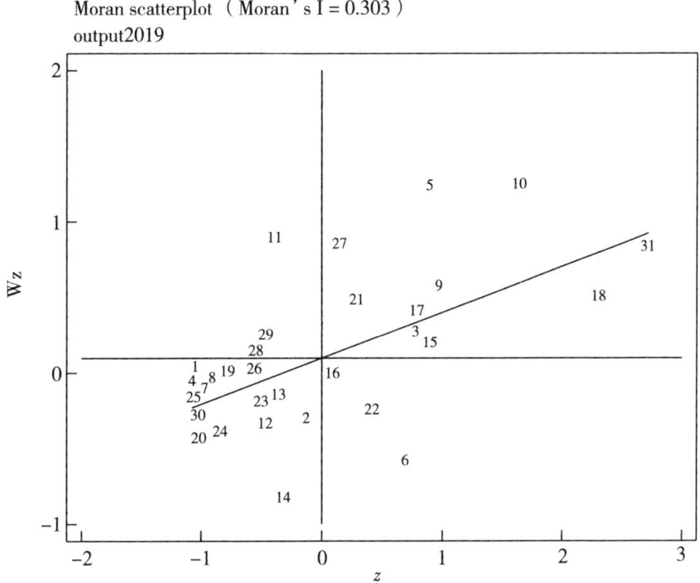

图 5-6　2005 年、2019 年粮食总产量的莫兰散点图

在模型（5-31）的基础上构建一般的空间计量模型，可得：

$$\ln Y_{it} = \lambda W\ln Y_{it} + \ln A + \alpha_1 \ln L_{it} + \alpha_2 (\ln L_{it})^2 + \beta_1 \ln K_{it} + \beta_2 (\ln K_{it})^2 + \beta_3 \ln L_{it} \ln K_{it} + V_{it} - U_{it}$$

$$V_{it} = \rho M V_{it} + \varepsilon_{it} \tag{5-33}$$

其中，W、M 表示空间权重矩阵，ρ 表示空间项系数，ε_{it} 表示随机扰动项。

因为劳动投入缺失了 2013~2019 年的数据，在进行 LM 检验时，空间权重维度与观察数据量不匹配，因此，本书对缺失数据进行以下处理：根据 2009~2012 年的可得数据和 2005~2019 年“总人口—乡村人口”数据，计算 2009~2012 年每年的乡村农林牧渔业人口占乡村总人口比例及其增长率，求出增长率平均值，代入 2005~2019 年乡村总人口数据计算出相应年份的乡村农林牧渔业人口。LM 检验结果如表 5-5 所示。

表 5-5　LM 检验结果

Test	Statistic	df	p-value
Spatial error:			
Moran's I	4.510	1	0.000
Lagrange multiplier	18.564	1	0.000
Robust Lagrange multiplier	7.616	1	0.016
Spatial lag:			
Lagrange multiplier	45.862	1	0.000
Robust Lagrange multiplier	34.915	1	0.000

从表 5-6 中可以看出，空间滞后效应比空间误差效应的 LM 检验结果更显著，故采用空间自回归模型。由于每个省的“省情”不同，可能存在不随时间而变的遗漏变量，考虑使用固定效应模型（FE）。本书剔除了不显著的变量，最终的随机前沿模型如下：

$$\ln Y_{it} = \lambda W\ln Y_{it} + \ln A + \ln L_{it} + (\ln L_{it})^2 + \ln I_{it} + (\ln S_{it})^2 + \ln P_{it} + \ln ME_{it} + v_{it} - u_{it} \tag{5-34}$$

表 5-6　面板空间随机前沿模型估计结果

	Estimate	Std. error.	t value	Pr（>t）
rho	0. 071	0. 172	4. 131	3. 61e-05
(Intercept)	1. 017	0. 384	2. 652	0. 008
lnL	0. 123	0. 089	1. 380	0. 167
lnL^2	-0. 013	0. 008	-1. 684	0. 092
lnI	0. 262	0. 041	6. 340	2. 29e-10
LnS^2	0. 051	0. 003	16. 736	<2e-16
lnP	0. 076	0. 014	5. 655	1. 56e-08
lnME	0. 029	0. 013	2. 354	0. 019
Z_（Intercept）	0. 000	0. 000	NA	NA
Z_ lnD	0. 000	0. 00	NA	NA
sigmav	0. 143	0. 039	3. 686	0. 000
sigmau	0. 092	0. 167	0. 549	0. 583

从回归结果可以发现，模型的估计结果并不显著，p 值大于 0. 05。而一般的随机前沿模型估计结果要优于面板空间随机前沿模型估计结果。

表 5-7 中，除常数项外，各个系数影响都很显著，p 值均小于 0. 05。影响粮食产业产出的因素主要包括劳动力投入、有效灌溉面积、播种面积、农药投入和塑料薄膜投入。

表 5-7　随机前沿（time-invariance）模型估计结果

lnY	Coef.	Std. Err.	z	P>｜z｜	95% conf.	Interval
lnL	1. 1780	0. 4916	2. 40	0. 017	0. 2144	2. 1415
lnL^2	-0. 0425	0. 0159	-2. 68	0. 007	-0. 0736	-0. 0114
lnI	0. 1153	0. 0349	3. 31	0. 001	0. 0470	0. 1837
LnS^2	0. 0596	0. 0027	22. 11	0. 000	0. 0543	0. 0649
lnP	0. 0949	0. 0228	4. 17	0. 000	0. 0503	0. 1395
lnME	0. 0755	0. 0158	4. 77	0. 000	0. 0444	0. 1065
_ cons	2. 2458	3. 7529	0. 60	0. 550	-5. 110	9. 6014

续表

lnY	Coef.	Std. Err.	z	P>|z|	95% conf.	Interval
/mu	0.2115	0.0919	2.30	0.021	0.0314	0.3916
/lnsigma^2	-3.1852	0.4633	-6.87	0.000	-4.0933	-2.2771
/lgtgamma	2.3091	0.5163	4.47	0.000	1.2972	3.3211
sigma^2	0.0414	0.0192	—	—	0.0167	0.1026
gamma	0.9096	0.0424	—	—	0.7854	0.9651
sigma_ u^2	0.0376	0.0191	—	—	0.0001	0.0752
Sigma_ v^2	0.0037	0.0003	—	—	0.0031	0.0043

根据自然资源部、国家统计局发布的《第三次全国国土调查主要数据公报》可知，我国40%的耕地面积集中在新疆、河南、内蒙古、吉林、黑龙江5个省份；2016年国土资源部举行的“全国耕地后备资源调查评价结果新闻发布会”上，原国土资源部表示，耕地后备资源主要集中在中西部经济欠发达地区，其中新疆、甘肃、河南、黑龙江、云南5个省份后备资源面积占到全国近一半，集中连片耕地后备资源集中在新疆（不含南疆）、甘肃、河南、吉林和黑龙江5个省份，占比为69.6%。因为耕地供给方主要是后备耕地资源丰富的省份，所以本书主要考察上述后备耕地资源丰富的省份的技术效率。

由于面板空间随机前沿模型的估计效果不显著，故采用一般随机前沿模型的技术效率估算结果，如表5-8所示。

表5-8 后备耕地资源丰富省份固定（time-invariance）技术效率对比

新疆	黑龙江	河南	云南	甘肃	内蒙古	吉林
0.7523	0.5436	0.8433	0.6961	0.5406	0.6235	0.9778

各省的技术效率与生产前沿面的差距为 $1-TE_i$，TE_i 为i省固定技术效率。为简化分析，考虑将 $1-TE_i$ 作为技术风险权重，$\int_0^{\infty} e^{-rt}(1-TE_i)f(t)dt$ 作

为生产风险补偿计入土地定价公式，其中，f(t) 为前面章节提到的耕地的年净收益。故式（5-29）变为：

$$P_T \geqslant \int_0^{\infty} e^{-rt}[h(t) - f(t)]dt + \frac{\left(V_{S_A} + \frac{V_{M_A} + V_{E_A}}{2}\right) + \left(V_{S_B} + \frac{\pi_{D_B} + V_{E_B}}{2}\right)}{\Delta Q_{F_B}} + \int_0^{\infty} e^{-rt}(1 - TE_i)f(t)dt$$

$$= \int_0^{\infty} e^{-rt}[h(t) - TE_i \times f(t)]\,dt + \frac{\left(V_{S_A} + \frac{V_{M_A} + V_{E_A}}{2}\right) + \left(V_{S_B} + \frac{\pi_{D_B} + V_{E_B}}{2}\right)}{\Delta Q_{F_B}} \tag{5-35}$$

三、实证结果分析

除了耕地供给方管理成本 V_{M_A} 可以根据农牧渔业部、国家计委、建设部印发的《关于征用土地费实行包干使用暂行办法》（农（土）〔1984〕30号）第九条规定，“县、市土地管理机关从征地费中提取土地管理费的比率，要按不同情况确定不同的标准，凡一次性征地面积较多，动迁安置工作量不大，牵扯人力较少的，一般可提取 1%左右”计提外，中央政府监督费用 V_{M_A}&V_{S_B}、耕地供求双方的违约行为造成的损失 V_{E_A}&V_{E_B}、耕地需求方的违约所得π_{D_B} 等数据都较难获取①。考虑到 V_{M_A}、V_{M_A}、V_{S_B}、$V_{E_A}V_{E_B}$、π_{D_B}均大于零，令$\frac{\left(V_{S_A}+\frac{V_{M_A}+V_{E_A}}{2}\right)+\left(V_{S_B}+\frac{\pi_{D_B}+V_{E_B}}{2}\right)}{\Delta Q_{F_B}}=\Delta P>0$，则有：

$$P_T \geqslant \int_0^{\infty} e^{-rt}[h(t) - TE_i \times f(t)]dt + \Delta P > \int_0^{\infty} e^{-rt}[h(t) - TE_i \times f(t)]dt \tag{5-36}$$

① 资料来源：CEIC 数据库、国家统计局。

（1）建设用地（住宅用地）的年净收益 h（t）。

因住宅用地的年净收益无法获得，考虑采用 2012~2021 年的“土地价格：城市：住宅”季度指标数据，可以查到的住宅土地价格数据包括以下城市：新疆乌鲁木齐市；黑龙江哈尔滨、佳木斯和牡丹江 3 个城市；河南安阳、焦作、开封、洛阳、平顶山、郑州 6 个城市；云南昆明市；甘肃兰州市；内蒙古呼和浩特和包头 2 个城市；吉林省。对数据作如下处理：①通过对各个城市的季度数据进行简单算术平均值获得住宅年度土地价格。②对各省相应城市的住宅土地价格取简单算术平均值用以表示各省的住宅土地价格。③将住宅土地价格单位由“人民币/平方米”换算为“人民币/亩”。④用住宅用地土地价格替代住宅用地的累计年净收益 $\int_0^\infty e^{-rt}h(t)\,dt$，耕地的土地价格替代耕地的累计年净收益 $\int_0^\infty e^{-rt}f(t)\,dt$。

因为“土地价格：城市：住宅”指标作为建设用地（住宅）的土地购置成本，必然有土地价格小于建设用地（住宅用地）收益。

（2）耕地的年净收益 f（t）。

可以查到的数据包括各省的粮食总产量、豆类、薯类夏粮、早稻、秋粮的产量，但缺少各省份相应的粮食价格数据；或可以查询全国红小麦、白小麦、混合麦、早籼稻、晚籼稻、粳稻、玉米、大豆等收购价格，但是无法具体获知各省红小麦、白小麦等对应的产量。即使获知各省粮食产量和粮食价格数据，通过 ARMA（Auto Regressive and Moving Average Model）或 ARIMA（Auto Regressive Integrated Moving Average Model）等方法，用有限年份的历史数据估计未来无限期（永久基本农田）的收益，再进行折现，估计效果准确性极低（常见的未来预测期一般在 3 期以内）。

考虑采用“耕地占用税”替代耕地的净收益。根据《中华人民共和国耕地占用税法》第三条、第四条相关规定“耕地占用税为纳税人实际占用的耕地面积（平方米）乘以适用税额……人均耕地不超过一亩的地区（以县、自治县、不设区的市、市辖区为单位，下同），每平方米为十元至五十元；人均耕地面积超过一亩但不超过两亩的地区，每平方米为八元至四十元；人均耕地超过两亩但不超过三亩的地区，每平方米为六元至三十元；人均耕地超过三亩的地区，每平方米为五元至二十五元”。可以查到最新的耕地数据为2017年“农业：耕地面积”指标，单位：千公顷；人口数据为“乡村人口”指标，单位：万人。折算成人均耕地（亩/人），除河南省人均耕地超过两亩但不足三亩外，其他6个省份人均耕地都超过三亩。故河南省耕地占用税为4000~20000元/亩，其他省份耕地占用税为3333~16667元/亩。

（3）净收益的贴现率 r。

采用“CN：贴现率：期末”年度指标。其中，2010~2014年的年贴现率为3.25%，2015~2021年的年贴现率为2.90%。

因为住宅土地价格和耕地占用税均为一次性缴纳，不需要考虑收益折现。根据数据可获得性，可知：

$$\int_0^{\infty} e^{-rt}[h(t) - TE_i \times f(t)]dt = P_C - TE_i \times T_G + \Delta C > P_C - TE_i \times T_G \tag{5-37}$$

其中，P_C 表示住宅土地价格；T_G 表示耕地占用税；TE_i 表示技术风险补偿系数；ΔC 表示建设用地（住宅用地）收益减去住宅土地价格的收益差距，且 $\Delta C>0$。

根据《通知》第八条规定的补充耕地的省、直辖市所需缴纳的资金收取标准，即：（基准价+产能价）×省份调节系数，按最高价格计算，水田基准价为20万元/亩；常规种植时，低产田的产量一般为300~350公斤/亩，高产田的产量一般为500~600公斤/亩，则产能价为每亩每百公斤2万元乘以6；省份的最高调节系数为2，可计算出相应的资金收取标准为：（20+6×2）×2=64万元/亩。《通知》第十五条规定，“补充耕地水田每亩10万元，粮食产能每亩每百公斤1万元，两项合计确定国家统筹补充耕地经费标准”，可得经费标准为：10+6×1=16（万元/亩）。相应的耕地供求方支付及收益情况如表5-9所示。

表 5-9 后备耕地资源丰富省份耕地补偿收益差距对照

单位：万元/亩

省份	市场化基准定价	国家统筹补充耕地		耕地需求方的支付差距	耕地供给方的收益差距
	$P_C-TE_i\times T_G$	资金收取标准	经费标准		
甘肃	[523.33，524.05]	64	16	[-460.05，-459.33]	[507.33，508.05]
云南	[476.34，477.27]	64	16	[-413.27，-412.34]	[460.34，461.27]
新疆	[235.76，236.77]	64	16	[-172.77，-171.76]	[219.76，220.77]
内蒙古	[203.15，203.98]	64	16	[-139.98，-139.15]	[187.15，187.98]
河南	[178.30，179.65]	64	16	[-115.65，-114.30]	[162.30，163.65]
吉林	[82.40，83.71]	64	16	[-19.71，-18.40]	[66.40，67.71]
黑龙江	[80.50，81.22]	64	16	[-17.22，-16.50]	[64.50，65.22]

从表 5-9 中可以看出，对于承担补充耕地任务（耕地供给方）的甘肃省而言，按市场化基准定价，它应获得的耕地补偿应大于 $P_C-TE_i\times T_G$，即至少大于 523.33 万元/亩，但它从国家统筹补充耕地的经费标准里只获得了 16 万元/亩的补偿价格，至少损失了 507.33 万元/亩的地方经济发展资金。而对于北京、上海等区域经济发展水平较高的城市而言，原本需要支付至少 523.33 万元/亩的资金费用，实际最高只支付了 64 万元/亩的成本，节省了不少于 460.05 万元/亩的开支，从而使得北京、上海与甘肃的发展差距进一步拉开。中央在补充耕地资金中提取了较大比例的经费，提取比例为 $\frac{(64-16)}{64}\times 100\%=75\%$，意味着原本属于后备耕地资源丰富省份的发展资金，有 75%由中央财政统一安排用于其他省份巩固脱贫攻坚成果和支持实施乡村振兴战略。

后备耕地资源各省份之间的耕地基准价差距相当大，如甘肃省的基准定价约是黑龙江省的 6.5 倍、吉林省的 6.3 倍；云南省的基准定价约是黑龙江省的 5.9 倍、吉林省的 5.7 倍。随着耕地指标交易市场化程度的提升，有耕地指标需求的城市会更倾向于与黑龙江省、吉林省达成交易，以减少经济发展成本。供求关系的变动会使得后备耕地资源各省份之间的耕地基准价差距逐渐缩小。

第六章　跨省域补充耕地指标交易的保障机制

跨省域补充耕地指标交易必须坚持两个“导向”、三条“底线”、四大“融合”原则。在分析跨省域补充耕地指标交易面临的困境时可知，交易结果有可能背离政策目标，出现省际经济差距加大、耕地撂荒加剧等现象。因此为了避免出现这些风险，在制定交易机制时，应当设计好相应的风险损益保障机制，作为达成交易的基本条件。

本章主要针对跨省域补充耕地指标交易可能存在的耕地供需偏离风险、省际经济发展差距扩大风险、耕地撂荒风险等，提出“共建园区”跨省域协同发展的风险防范措施，以实现其保护耕地、实现经济协调发展的政策初衷。

第一节　“共建园区”协同发展

协同理论又称为协同学（Synergetics），在1971年由德国物理学家Hermann Haken率先提出，它主要研究不同事物的共同特征及其协同机理，探讨各种系统从无序变为有序时的相似性。20世纪90年代中后期，“协同”发展理念开始应用于在欧美发达国家的区域发展研究，与传统区域经济发展思路相比，区域协同发展更强调不同地区之间的动态平衡和深度合作，它是解决区域发展不平衡、不协调、不可持续问题的重要途径和必然选择①。我国目前的协同发展均局限于地理相邻内的区域发展，建立跨省域协同发展机制意味着协同合作跨越了地理空间的限制。由土地使用权的跨空间交易衍生出跨空间的省际协同发展，可以通过省际联动弥补耕地供给方失去的土地发展权的权益，减缓省际间的经济发展差距。

跨区域共建园区是指处于不同发展阶段、拥有互补性资源的省市（城市）之间开展经济合作的一种常见模式。在共建园区过程中，合作主体集成双方优势资源，围绕园区规划、开发建设、运营管理、产业转移等方面开展广泛合作，建立健全利益分享等关键机制，实现合作共赢与协调发展（赵弘，2018）。

由于区位优势差异，东部地区凭借地理优势，在国家优惠政策的支持下，率先获取土地进行经济建设，为后续发展奠定了基础；而中西部地区发展时机相对较慢，在国家严格耕地保护政策的约束下，丧失了通过耕地非农化来发展区域经济的权利，承担了由东部地区快速发展“转嫁”的生态环境恶化以及粮食安全受威胁的代价，从而导致省际间的经济发展、贫富差距扩大，这显然与国家统筹发展的思想相悖。解决这一矛盾的关键在于搭建区域之间以利益为纽带的耕地保护的多维互动机制，既有利于保护耕地，也有助于区域经济的协调发展。随着我国市场经济的不断完善，资本、技术、劳动力等已经可以通过市场自由交换，东部地区可以通过投资、技术转移、人才输送等措施，对中西部地区进行全面的“补偿”，着力提升中西部地区的发展能力，以缩小地区差距，实现区域间的协调发展（马文博，2016）。

如图 6-1 所示，虚线联结表示将两个省份联系在一起的纽带，即耕地指标交易；实线联结表示实地的共建园区协同合作。如耕地需求方投资资金、投入劳动力指导、提供技术培训等，与耕地供给方开展交流合作，协

① 侯永志，张永生，刘培林等．区域协同发展：机制与政策［M］．北京：中国发展出版社，2016.

助其延伸粮食产业链，助力耕地供给方实现乡村振兴。为了避免合作项目的设置过于宽泛、缺乏具体的针对性措施，建议结合跨省域补充耕地面临的主要困境，从定点粮仓工程建设和人力资源协同开发着手，推进共建园区达到理想的实施效果。

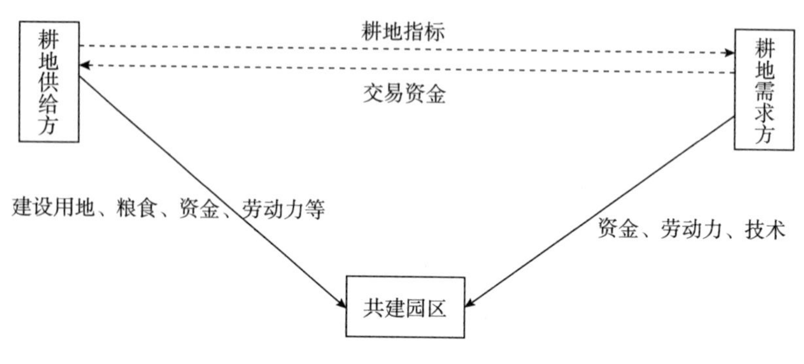

图 6-1　共建园区模式示意图

一、定点粮仓工程建设

在跨省域补充耕地指标交易大背景下，合作共建定点粮仓是跨区域共建园区的重要内容，可以在缩小区域差距、收入差距、城乡差距、教育差距，乃至巩固脱贫攻坚、促进乡村振兴中发挥重要的保障作用，有利于实现耕地保护、经济协调发展，是一项非常必要且具备可行性的风险防范制度设计。

1. 合作共建定点粮仓的必要性和可行性

合作共建定点粮仓有利于实现耕地保护，遏制耕地撂荒现象蔓延。根据《国家粮食安全中长期规划纲要（2008-2020 年）》，全国主要划分为 13 个粮食主产区、7 个主销区、11 个产销平衡区，其中粮食主销区多数集中在东部发达省份，粮食主产区和产销平衡区则集中在东北和中西部地区。中西部粮食主产区、产销平衡区省份的许多国家级产粮大县，同时也是人均收入水平较低的落后欠发达地区，当地的基层国有粮食收储企业不乏闲置建设土地，但高额建库资金难以筹措，粮食仓容缺口大，粮食收储能力不足，造成粮食市场收购价与国家最低收购价有一定的差额，增加粮食收储成本，降低了企业收储意愿，当地农民售粮不便，“卖粮难”问题时有发生。合作共建定点粮仓，可以充分运用东部省份的资金、技术，通过开展合资、并购、控股、参股、租赁设施等多种形式的深度合作，帮助中西部省份提高粮食仓储物流能力，提高农民种粮收入，进一步激发农民种粮的积极性，稳定粮食生产能力，遏制耕地撂荒，从而达到耕地保护的目的。

合作共建定点粮仓有利于促进经济协调发展，缩小区域差距、收入差距、城乡差距、教育差距。粮食主销区所在的东部沿海经济发达省份，工业化、城镇化程度高，耕地面积、粮食产量逐年降低，随着城市人口数量增长，粮食需求量不断增长，稳定粮食自给率的压力越来越大。反观中西部粮食主产区，经济发达程度低，粮食产业化水平低，粮食收储运输成本高，种粮综合收益低，“卖粮难”的压力也在不断提升。合作共建定点粮仓有利于打通粮食主产区和主销区的生产和消费通道，既为东部地区提供了稳定的粮源供给，又帮助中西部省份打开粮食市场，带动中西部省份的农民收入提升，有利于缩小区域收入差距。合作共建定点粮仓是建立跨省域粮食产业“产购储加销”一体化供应链的基础环节，可以推动形成粮油生产、收购、储存、加工、中转、销售一条龙的现代化粮食产业体系，切实促进当地人口就业和培训，提升人口素质水平，改善交通物流基础设施，逐步带动落后欠发达地区的产业升级，缩小城乡教育差距。

合作共建定点粮仓还有利于促进巩固脱贫攻坚和乡村振兴。根据安徽省亳州市蒙城县的实践可知，2019 年蒙城县将财政扶贫资金投入建成的万吨标准高大储粮仓列入产业扶贫资产，实行三权分离，明确粮仓产权归所在地乡镇政府所有，经营权归国有粮食收储企业所有，部分收益权归低收入村集体和低收入户所有，通过签订合同，约定粮食收储企业每年缴纳一定比例分红收益至贫困村集体，再由村集体通过“四议两公开”将收益分配至低收入村和低收入户，既为低收入村集体和低收入户带来稳定收益分红，又解决了当地农民“卖粮难”的难题。其中，蒙城县的粮仓扶贫模式，最关键的就是建立一套产权明晰、管理科学、分配合理、资产保值、风险可控产业扶贫利益联结机制。合作共建定点粮仓完全可以借鉴蒙城县的粮仓扶贫模式，建立更加紧密的利益联结机制，持续壮大低收入村集体经济，推动巩固拓展脱贫攻坚成果取得更大成就，为乡村振兴作出更大贡献。

2. 合作共建定点粮仓几点建议

共建定点粮仓，要坚持两个“导向”、三条“底线”、四大“融合”原则，要改变以往耕地供给方与需求方单纯的粮食供需协作关系，通过多形式、多层面的合作共建，逐步建立健全“产购储加销”一体化的供应链，建立更加紧密的利益联结机制。

一是坚持市场主导、政府引导，建立跨省域粮食产业“产购储加销”一体化合作机制。依托跨省域补充耕地指标交易平台，积极打通“走出去”“引进来”的双向流通渠道，积极引导东部省份企业深入中西部粮食主产区，组建合作合资企业，跨省域建立商品粮生产和收储基地、加工园区、营销网络，形成“产购储加销”一体化的现代化粮食产业体系，推动耕地供需双方资源要素的合理配置。

二是强化政策支持。鼓励耕地供给方和需求方在政府层面建立供应链战略合作框架，制定出台覆盖“产购储加销”各领域的扶持政策，加强粮食流通基础设施和重要物流节点建设，建立健全信息发布交流、纠纷协调、守信激励和失信惩戒等机制平台，积极解决企业在产销合作中遇到的难题。

三是落实资金保障。统筹用好国家重要农产品仓储物流设施建设专项资金、产粮大县奖励资金、粮食风险基金等，跨省域补充耕地指标交易收入也可以按一定比例投入粮食仓储物流项目，加大对粮食仓储企业尤其是政府储备承储企业绿色仓储的信贷支持力度，鼓励企业拓宽融资渠道，吸引社会资本，提高资金使用效益。

二、人力资源协同开发

开展跨省域人力资源协同开发，是遏制耕地丢荒，保障粮食安全的重要举措。长期以来，我国农村人口大量流失，青壮年进城，而留在乡间耕

作的以老年人、妇女居多，务农者的平均年龄普遍偏高，伴随大宗农产品价格下行，农资、地租、人工等成本刚性上涨，大量耕地出现被抛荒，给粮食生产带来不利影响，危及粮食安全。国家统计局数据显示，改革开放初期全国外出务工农民数量还不到200万人，之后40多年农民工数量直线激增，截至2020年全国农民工总量2.9251亿人，占全国人口的1/5，外出务工农民数量增加了将近150倍，农村人口流失问题的严重程度令人堪忧。另据国家统计局第三次全国农业普查数据显示，2016年，全国农业生产经营人员31422万人，其中：年龄55岁及以上的有10551万人，占比高达33.51%；学历为高中或中专的占比为7.1%，大专及以上的仅占1.2%，初中及以下受教育程度的人员占比为91.8%；女性14927万人，占比为47.5%。人才匮乏、素质不高长期困扰农业农村的现代化。开展跨省域人力资源协同开发，可以帮助农村培养人才、开发人力，为粮食生产提供劳动力和人力资本保障，解决“谁来种地”“如何种好地”的问题。

开展跨省域人力资源协同开发，可以有力推动乡村振兴战略的实施。乡村振兴的关键在乡村人才的振兴。乡村振兴中的产业、文化、生态和组织振兴，归根结底都要依赖人才振兴，没有牢靠的人才基石和不断持续注入新动力，乡村振兴难以实现。当前，伴随农村中青年、优质人才持续外流，乡村振兴人才短板越发明显，村级干部年龄老化、知识僵化，后备人才匮乏，青黄不接；乡村振兴工作队、科技特派员、大学生村官等只是将农村经历作为一种过渡，服务于“三农”的人才长效机制作用发挥不足；政府农村教育经费总投入不足，投入到农业专业技能培训的资金非常有限，且流于形式无法完全落到实处；乡村人力资源大部分集中于第一产业，从事第二产业、第三产业的相对较少，人才、资本、技术、管理下乡通道不顺畅，尽管多地出台了支持市民下乡、能人回乡、企业兴乡的政策，但是行业的高成本、高风险和部分制度性阻碍，导致返乡创业的经营主体还是偏少，新型职业农民队伍经营困难。总而言之，农村人才总量不足、结构失衡、素质偏低、老龄化严重等问题较为突出，乡村人才总体发展水平与乡村振兴的需求之间存在较大差距，迫切需要深入开发人力资源。

关于跨省域人力资源协同开发的路径，主要有以下几个方面的建议：

跨省域人力资源协同开发要坚持两个“导向”、三条“底线”、四大“融合”原则，把乡村人力资本开发放在首要位置，要依托跨省域共建园区，打通人才、资本、技术、管理下乡渠道，大力培养本土人才，支持市民下乡、能人回乡、企业兴乡，吸引各类专门人才在乡村振兴中建功立业，进一步完善乡村人才工作体制机制，强化人才振兴保障措施，真正培养造就一支懂农业、爱农村、爱农民的“三农”工作队伍，为全面推进乡村振兴、加快农业农村现代化提供有力人才支撑。

（1）加快人才平台建设，因地制宜培育各类急需人才。

要深入分析土地用途管制区内的资源要素和产业特色，精准共建特色产业园区，加强现代农业产业园、农业科技园区、农村创业创新园区等平台建设，积极搭建乡村引才聚才平台，加快培养农业生产经营人才、农村二三产业发展人才，包括高素质农民、家庭农场经营者、农民合作社带头人、农村经营管理人才、乡村工匠、农村电商人才等。要加强政府层面合作，统筹用好各类教育培训资源，调动社会力量参与农民培训的积极性，积极培养农业农村科技人才、乡村公共服务人才、乡村治理人才，包括农业农村高科技领军人才、农技推广人才、科技特派员队伍和乡村教师、医生、文化旅游体育人才、规划建设人才、法律人才、党政人才等。

（2）灵活运用多种培训方式，大力支持各类培训主体。

要大力开展智力服务，对土地用途管制区内提供农业及相关产业的技术支持，实行对口支援，向受偿地区提供专业人才，提高当地的技术水平和管理水平，同时帮助提高管制区内人员的就业能力，促进农村剩余劳动力向城市的成功转移（王雨濛，2013）。要支持和引导管制区内各类农业企业依托原料基地、加工园区、物流节点、电商基地、文旅基地等建设实习实训基地，鼓励企业带动农民创办家庭农场、农民合作社，打造乡村人才孵化基地。支持农业企业联合科研院所、高等院校建设产学研用一体化创新基地，支持以校企合作、政府划拨、整合资源等方式建设一批实习实训基地，培育科技创新人才。发挥好党校、干部学院、农业广播电视学校等

机构作用，分类分级开展管制区内“三农”干部的培训。

（3）加大政策保障，建立健全合作机制。

建立省际乡村人才信息库和需求目录，打通人才供需渠道。制定支持省际间人才、资本、技术、管理资源双向流动激励政策，推动各类人才定期服务乡村，鼓励人才向艰苦地区和基层一线流动。加强乡村人才振兴投入保障，跨省域补充耕地指标交易收入也可以按一定比例投入乡村人才振兴，支持涉农企业、协会、科研院所、高等院校和党校、干部学院、农业广播电视学校加大乡村人才培育的投入，支持完善农村基础设施和公共服务设施，吸引城乡人才留在农村。

第二节　协同发展指标测算

马克思认为，商品的价值是由生产商品的社会必要劳动时间决定的，商品的价值量与社会必要劳动时间成正比。相较于农业产品，工业产品凝结了更多复杂的劳动，其耗费的社会必要劳动时间高于农业产品，故工业商品的价值往往高于农业商品的价值。因此，即使前期的交易提高了耕地基准价，但从后续的经济发展来看，由于耕地指标交易所丧失的工业发展机会依然会使得地区之间的经济发展差距拉大。而且，目前中国种植业的发展还远远落后于农业的发展，种植业与工业之间的差距远大于农业与工业之间的差距。另外，从成本—收益的角度来看，耕地指标交易价格作为发达地区的建设用地成本，耕地基准价的提高必然使得发达地区相应的工业商品、农业加工品等价格随之提高。如果这些商品恰好是农业发展所必须的生产资料和生活资料，则落后地区前期收取的耕地交易基准价会逐渐转移回经济发达地区。

显然，仅仅依靠提高土地基准价以及耕地指标交易的市场化程度无法从根本上解决地区经济发展差距增大的问题，必须通过“前期定价+后期共建园区”来提升农业产业链的附加值以及农业劳动力的价值。如本书第三章提到的东部地区共享收益的土地股份制，当地农民收入的提高是因为前期的交易中规定了其后期的参与权，以参与收益分配为主。跨省域补充耕地指标交易也不能忽视后期的省际协作发展，为避免“共建园区”流于形式，需要建立协同发展指标定期进行考核。

一、评价指标体系设定

本书参考中国社会科学院京津冀协同发展智库京津冀协同发展指数课题组（2017）的省域协同发展指标的构建方法，结合跨省域补充耕地指标的具体情况建立了包含 5 个目标层的省际协同发展指标，包括：①省际差距。通过泰尔指数测度地区人均 GDP 差距来代表省际差距，以反映省际协调程度。②收入差距。主要衡量两地农民的收入差距。③城乡差距。选取城乡居民收入差距反映城乡协调程度。④教育公平。在一定程度上教育公平的实现能够为农业发展培养本土人才，减缓人才流失，也有利于实现脱贫的可持续性，从而提高农民耕种的积极性。选择高考本科录取率差距进行衡量。⑤增收致富。增收致富是全面建成小康社会的重点任务，也是衡量地方发展差距的依据。选择低收入人数占地区总人口的比重进行衡量（见表 6-1）。

表 6-1　跨省域协同发展评价指标体系设定①

理念层	目标层	指标层	指标类型
协同发展	省际差距	人均 GDP 的地区差距（泰尔指数）	逆向
	收入差距	两地的农民收入差距（泰尔指数）	逆向
	城乡差距	城乡收入差距（泰尔指数）	逆向
	教育公平	高考本科录取率的地区差距（泰尔指数）	逆向
	增收致富	低收入人口占地区总人口比重（%）	逆向

为了保证各个指标层的可加性，首先对各个指标值进行标准化去量纲

① 中国社会科学院京津冀协同发展智库京津冀协同发展指数课题组．京津冀协同发展指数（2017）［M］．北京：中国社会科学出版社，2018.

处理。处理方法如下：y_{it} 为某指标的测算值，y_{min} 为两地某指标各年份中出现的最小值，p_{it} 为标准化后的指标值，对逆向指标标准化进行处理：

$$p_{it}=\frac{1}{\frac{y_{it}}{y_{min}}}=\frac{y_{min}}{y_{it}},\ t=2018,\ \cdots,\ 2022;\ i=1,\ 2$$

使用指数加权法进行综合评价：

综合评价指数 $S=\sum p_{it}\times w_i\times 100$

因为5个目标层在省际协同发展中都很重要，赋予均等的权重 $w_i=0.2$。通过设定均等权重的方法将经过标准化后的二级指标值加总得到一级协同发展指标。对于指标体系中的人均地区生产总值（CDP）地区差距、居民收入差距、人均公共财政支出等指标，利用各地区生产总值指数（以2018年为基期）进行平减。在加总两地数据时，除了考虑剔除物价影响之外，还利用各地占比或人口占比作为权重进行调整，从而加总求得跨省域协同发展的总和指标值。

二、实证结果分析

（一）省际差距测度

1. 泰尔指数

泰尔指数最早是由Theil和Henri提出的，包括泰尔指数T和泰尔指数L。这两个指数的不同之处在于，T指数以收入数据计算加权权重，而L指数以人口计算加权权重。因为主要考察地区人均GDP差距，故在此选择T指数。泰尔指数的优势在于，它可以将省际间的差距分解为省际间的差异和省域内的差异两个部分，便于更好地对比省际间的实际差异。相应的泰尔指数T计算公式如下：

$$T=\sum_{i=1}^{N}y_i\log\frac{y_i}{p_i} \tag{6-1}$$

其中，N为省份个数，这里一般为2；y_i 表示i省份人均GDP占整体的比重；p_i 表示i省份人口数占整体的比重。

对 T 指数进行一阶分解，可得：

$$T=\sum_{i}\sum_{j}\left(\frac{Y_{ij}}{Y_{i}}\right)\log\left(\frac{\frac{Y_{ij}}{Y}}{\frac{p_{ij}}{P}}\right) \tag{6-2}$$

其中，Y_{ij} 表示 i 省份 j 城市的人均 GDP；Y_i 表示 i 省份的总人均 GDP；Y 表示两个省份的总人均 GDP；p_{ij} 表示 i 省份 j 城市的人口；P_i 表示 i 省份的总人口，P 表示两个省份的总人口。

令 i 省份的城市间差异为：

$$T_{i}=\sum_{j}\left(\frac{Y_{ij}}{Y_{i}}\right)\log\left(\frac{\frac{Y_{ij}}{Y_{i}}}{\frac{p_{ij}}{P_{i}}}\right) \tag{6-3}$$

则有：

$$T=\sum_{i}\left(\frac{Y_{i}}{Y}\right)T_{i}+\sum_{i}\left(\frac{Y_{i}}{Y}\right)\log\left(\frac{\frac{Y_{ij}}{Y_{i}}}{\frac{p_{ij}}{P_{i}}}\right)=T_{WR}+T_{BR} \tag{6-4}$$

其中，T_{WR} 表示省域内差异，T_{BR} 表示省际间差异。

2. 数据来源

根据《对十三届全国人大三次会议第 8757 号建议的答复》（自然资人议复字〔2019〕28 号）提及“吉林省已向国务院提出承担统筹补充耕地任务申请，涉及白城市补充耕地项目；浙江省已向国务院申请 14 个重大建设项目由国家统筹补充耕地。按照规定，我部会同财政部已基本完成审核、拟报国务院批准，对于符合范围条件的，将纳入统筹范围”，故在此选择浙江省与吉林省白城市作为分析对象。

虽然浙江省与吉林省白城市并未“共建园区”协同发展，为了对协同发展指标性能有更好的了解，在此以浙江省和吉林省白城市的相关数据为基础，尝试分析协同发展指标的可行性。数据主要来源于 CEIC 数据库，采

用“国内生产总值：人均：吉林：白城”指标、“国内生产总值：人均：吉林”指标、“国内生产总值：人均：浙江”指标、“人口数：吉林：白城：户籍”指标、“人口数：吉林”指标、“人口数：浙江”指标。

3. 实证结果

如图 6-2 所示，白城市省际间差异 T_{BR}（见图中的 TBR 曲线）高于省域内差异 T_{WR}（见图中的 TWR 曲线），2013~2014 年这两个差异几近重合，并且两个值都比其他年份都高，表明这时候的省内与省际的人均 GDP 差距扩大，尤其是省内的差距增速极为明显，需要引起重视。2013~2019 年，人均 GDP 收入差距逐渐减小，2019~2020 年省内人均 GDP 差距保持不变，但省际差距又有扩大的趋势。而 2019 年恰巧批复了浙江省的补充耕地申请以及吉林省白城市的承担补充耕地任务，省际间的人均 GDP 差距增大有可能是浙江省的投资增加引致的（由于影响因素较多，省际间的人均 GDP 差距增大是否由投资增加引致，以及投资增加对人均 GDP 差距影响的大小还需后续数据充分后做进一步研究）。图 6-2 的泰尔指数变化是基于浙江省与吉林省白城市未达成协同发展状态下的测算结果，即使没有处于协同发展状态，泰尔指数仍有下降趋势的可能。故采用泰尔指数测度省际发展差距时，泰尔指数下降不一定表示协同发展对缩小省际差距起了正向作用，但泰尔指数的上升可以大致认为协同发展并没有起到作用。因此，泰尔指数用于考察省际人均 GDP 差距时，更适合作为逆向思维分析。收入差距、城乡差距、教育公平等指标的泰尔指数同理。

表 6-1 中的指标均属于逆向指标，表明该指标越小，协同效果越好。虽然指标的下降不一定是协同作用的结果，但指标的下降却代表着该地区相对较好的发展趋势。所以，即使指标下降不一定是协同发展带来的，但协同指标依然具有一定的参考价值。只是它如果作为政绩考核时，并不适合作为正向的激励指标，因为不具备必然的因果关系；而适合做反向的惩罚指标，即当协同综合评价指数变大时，需要查找问题并及时整改。

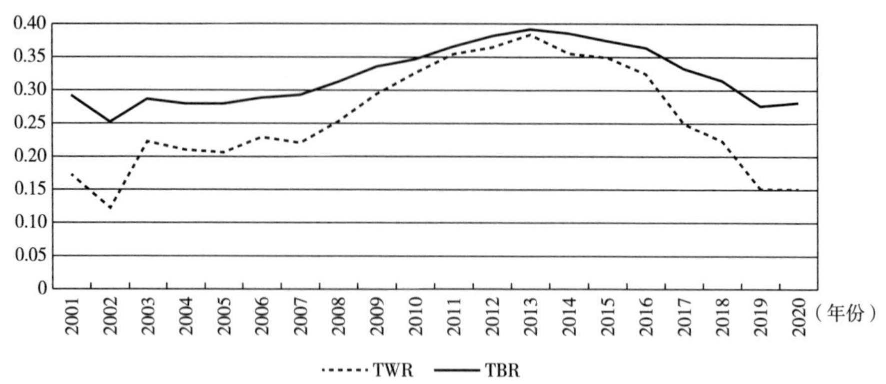

图 6-2　吉林省白城市与浙江省人均 GDP 泰尔指数变化趋势

（二）综合评价指数

综合评价指数的数值越大，效果越好。可以通过对比不同年份之间的综合评价指数的数值变化来分析“共建园区”的协同发展波动程度。当涉及较多的交易省份时，也可以对各城市的综合评价指数的得分差异进行对比分析，或分析综合评价指数的提升速度等。

因为目前跨省域补充耕地还处于试点阶段，参与国家统筹的省市较少，试点的时间不足四年；并且申请与承担跨省域补充耕地的省份之间暂没有缔结协同合作关系，若在此对计算出的综合评价指数结果进行分析，并不能对跨省域补充耕地指标交易有所指导和建议。加之白城市低保户人数的数据缺失，故在此省略综合评价指数测算分析。

第七章 结论与展望

2018年3月10日，国务院办公厅印发了《跨省域补充耕地国家统筹管理办法》，相对而言，跨省域补充耕地指标交易机制还是一个较为新颖的研究课题，无论是研究理论，还是研究方法，都还处在探索阶段。本书就构建跨省域补充耕地指标交易机制进行了较为系统深入的研究，主要包括剖析跨省域补充耕地面临的困境、总结凝练集体建设用地交易经验、建立跨省域补充耕地指标交易的基本原则、研究跨省域补充耕地供求机制、完善跨省域补充耕地保障措施体系等内容。研究的主要结论、存在的问题、对未来的研究展望及政策建议如本章所述。

第一节 主要研究结论

一、发挥市场主导作用优于国家统筹模式

（一）国家统筹模式存在公益取向异变的可能

虽然对申请补充耕地的省份设置“由于实施重大建设项目造成补充耕地缺口”“国家重大公益性建设项目”等限制条件，是为了规范土地用途，更好地保护耕地。但在实际的操作过程中却容易引发管制主体追寻自身利

益最大化目标，而产生公益取向异变。在跨省域补充耕地国家统筹模式下，不仅存在公益取向异变的可能，且这一异变所产生的成本，部分由落后地区承担，变相地剥夺了原本应该属于落后地区的发展资金。在建设用地增值收益的诱使下，地方政府公益取向异变的道德风险随之增大。“国家重大公益性建设项目适当降低收费标准”的规定则加剧了这个背离风险。虽然适当降低收费标准是为了支持生态保护等公益性项目建设，可一旦发生公益取向异变，牺牲的就是落后地区的发展机会。

而在市场有效配置资源的情况下，价格起主导作用，建设用地增值收益的降低使地方政府公益取向异变的道德风险相对减少，耕地资源丰富的地区可以通过市场获得应有的较多补偿。

（二）国家统筹模式可能加大省际的发展差距

在国家统筹模式下，申请补充耕地的省份所需缴纳的资金收取标准，远远低于它们实际应支付的成本，如本书第五章的实证结果所示。虽然存在省份调节系数，但对于不同的省份而言，其弥补损失的程度也不同。对于黑龙江来说，省份调节系数的存在使得资金补偿标准接近于它的实际耕地价格；但对于甘肃、云南而言，即使是10倍的省份调节系数也无法弥补它们的损失。更何况省份调节系数所带来的增值统一收归中央财政，只按固定经费拨付给承担补充耕地任务的省份。所以在国家统筹模式下，申请补充耕地的省份支付了很低的成本，而承担补充耕地的省份获得了很低的经费补偿，巨大的资金差额使得双方的累积发展优势差距愈加扩大，加大了省际经济发展差距。

虽然在市场机制作用下，用地指标极易向“出价高”的地区转移，经济发达地区获得“建设用地”土地发展权利的可能性越大，地区间的经济发展差距同样面临着扩大的趋势。但落后地区从交易中获取的资金远远高于国家统筹模式，从而缩小与其他省份（除经济发达地区外）的经济发展差距。并且，较高的耕地交易价格不仅可以倒逼发达地区提升自身的土地利用效率，也可以激励落后地区提升土地利用效率和提高保护耕地的积极性。

此外，国家统筹模式下高达75%的资金留存比例用于巩固脱贫攻坚成果和乡村振兴，是将落后地区应得的资金用于平衡其他低收入地区的发展差距，其作用在于“兜底”；而市场机制作用下，缩小落后地区与其他省份差距的资金主要来源于经济发达地区，与“兜底”作用不同，它更倾向于地区间的发展“持平”，显然“持平”的经济水平要高于“兜底”。

（三）发挥市场主导作用不等于政府无作为

我国集体建设用地交易的经验表明，土地市场也有其自身的局限性，在特定的土地交易中，交易的对象和参与的交易主体较少，竞争并不充分，市场的不健全容易使农地资源配置效率低下或农地过度非农化。跨省域补充耕地指标交易市场在形成和逐步完善的过程中，供需主体达成交易的条件尚未明确，交易的活跃程度尚不清晰，且其交易主体之间的利益关系更为复杂，各参与主体为了追寻自身利益的最大化可能出现各种利益冲突或者违背法律法规的行为，需要政府实施宏观调控或适时地进行监督。并且，自由放任的市场会带来大量占用耕地、滥用土地的现象。因此，发挥市场主导作用不等于政府无作为，需要坚持市场主导、政府引导的两手协同合作。

市场也有触及不到的领域，如土地收益的二次分配。虽然土地市场的价格信号能够尽可能地按最优利用价值评估确定农地转变用途后的补偿标准，但在农地的征收补偿和土地收益分配过程中，则需要政府以农民的利益为出发点，完善耕地补偿机制，整顿土地隐形市场，解决“隐形胶着的耕地供给”问题，以促进土地市场的进一步完善。

市场无法从根本上解决省际经济发展差距扩大问题，也需要政府制定交易保障措施来平衡与纠正。市场与政府调控之间不是非此即彼的选择，而是度的权衡。市场在优化配置资源的功能上毋庸置疑，而政府的管制是解决市场缺陷的有效手段。应坚持市场主导、政府引导的“两手”协同合作，才能达到保护耕地、优化配置土地资源、区域经济协调发展的目的。

二、市场主导依然离不开土地的定价指导

目前，虽然推进了地票交易的市场化，但地票市场的活跃程度并不高，

存在一定的买方垄断，是不完全竞争市场。显然，买方垄断市场的存在，使得土地指导价的存在成为必需。但即使存在政府指导价，买方依然能够凭借垄断势力使价格偏离供求关系影响，长期保持在政府指导价附近，而没有出现土地价格涨幅的趋势。因此必须考虑土地发展权的科学定价法，使得土地价格趋近市场价格或土地的真实价格，并且对指导价进行适当的动态调整。

跨省域补充耕地目前只是采取国家统筹模式。探索建立相应的交易机制，将面临比地票市场更为“年轻”的耕地指标交易市场。如果没有基准价作为指导，耕地指标的交易价格会在极大程度上受到买方垄断市场的影响，长期保持在较低水平。在买方垄断市场上，即使引入招拍挂等交易方式，耕地指标也逃脱不了低价交易的命运。由于市场并非完全有效，很多时候市场价格并不能完全反映真实价格，并且土地交易无法频繁进行，缺乏流动性。因此，科学定价显得尤为重要。科学测算耕地指标基准价是建立跨省域补充耕地指标交易机制的核心环节。

科学定价需要综合考虑供求双方利益以及社会福利最大化问题，而不应将所有外部性损耗一一罗列，例如，有的学者认为耕地补偿需要同时弥补开垦费、土地发展权、生态环境、社会保障、医疗、教育、务农机会成本等，过高的补偿有可能使买卖双方无法达成交易或造成社会福利净损失。科学的定价应基于双赢的角度，如本书通过效用最大化分析双方利润最大化得出，土地交易基准价至少应补偿土地的发展权，它比仅仅补偿土地整理成本时的总收益要高出 $\Delta Q_{F_B} P_{D_A}$。此外，还应考虑农业自身的特点，即农业风险较其他行业大，应适时地进行补偿，以保障粮食安全。

三、交易机制设计不能忽视基本原则的设定

跨省域补充耕地指标交易的基本原则包括两个“导向”、三条“底线”、四大“融合”原则。只有坚持市场主导、政府引导才能推进跨省域补充耕地指标交易市场的进一步完善，弥补交易可能出现的困境；坚持土地公有制性质不改变、耕地红线不动摇、农民利益不受损是国家从长远发展角度

提出来的不可突破的原则；四大“融合”原则从根本上体现了土地规划的重要性，加快本地经济高质量发展离不开“三农”融合、城乡融合、产业融合、区域融合发展，必须未雨绸缪，做好土地利用的中长期规划。每一个基本原则都对跨省域补充耕地指标交易起着重要的指导作用。任何忽视基本原则的短视行为，或者偏离基本原则的行为，都有可能导致其自身的经济发展落后于其他地区。

四、建立协同发展的交易保障机制必不可少

无论是跨省域补充耕地国家统筹模式还是其他交易模式，都有可能面临地区差距发展差距扩大、农业人力资本流失等问题，只是程度有所差异。建立协同发展的交易保障机制，有助于突破地理界线的限制，通过“共建园区”使落后地区能够从园区中间接分享发达地区区位、技术、人才、资金等优势的“外溢”，从而缩小省际间的经济发展差距。

第二节　推进跨省域补充耕地指标交易市场化改革政策建议

一、引入土地发展权定价，建立科学合理的补充耕地指标评估机制

耕地指标的交易价格易受买方垄断市场的影响，长期保持低价交易，为了有效保护耕地、提高土地利用效率，需要制定土地基准价作为指导价格。从本书的供求双方效用最大化推导过程可知，纳入土地发展权进行定价有利于增大社会总收益，缩小双方的收益差距。

从本书的实证结果分析可知，根据《跨省域补充耕地国家统筹管理办法》的补偿标准，补充耕地的省份获得的资金收益远远小于它们原本应该获得的价值，并且在同一补偿标准下，各省份之间的净损失存在相当大的

差异。引入土地发展权定价，主要以耕地指标供给方的本省住宅用地价值作为测算基准。值得注意的是，部分落后地区的住宅用地价值可能低于现行的政府调控的耕地指标价格，需要结合缩小地区发展差距的目标，考虑是否将耕地指标供给方的本省商业用地价值替换住宅用地价值作为测算基准，或在耕地指标供需双方的建设用地价格差距中需求一个适当的测算权重。因此，土地发展权定价的测算虽有一定的参照标准，当仍需依据各省份的具体情况有差别地施行。

实行基于土地发展权的有差别的补偿标准，能够真实地反映各省份的耕地指标价格，较为公平地补偿落后地区的发展机会成本，调动其保护耕地的积极性，并反向激励发达地区提高省域内的土地利用效率。

二、尊重基层首创精神，启动补充耕地指标跨区域交易试点工作

积极贯彻落实《中共中央　国务院关于构建更加完善的要素市场化配置体制机制的意见》《国务院办公厅关于印发要素市场化配置综合改革试点总体方案的通知》等文件精神，启动补充耕地指标跨区域交易试点工作，优先考虑选择改革需求迫切、工作基础较好、资源潜力较大的省份、直辖市等作为改革试点。建立由国家发展改革委牵头、有关部门作为成员单位的推进补充耕地指标跨区域交易试点部际协调机制，负责统筹开展试点工作，组织开展各试点之间的补充耕地指标公开交易活动，协调解决重大问题，及时总结推广试点经验，推动出台国家层面的补充耕地指标交易实施办法、制度等政策。

三、发挥市场资源配置作用，逐步推进补充耕地指标交易市场的建立

探索建立区域市场交易机制，在各地区地价差距逐渐缩小之后，逐步推行全国统一的补充耕地指标跨区域交易平台，统一交易规则和交易平台，完善补充耕地指标基准价的制定与发布制度，形成与市场价格挂钩的动态调整机制。加快形成补充耕地价格管理和监督的有效方式，建立健全补充耕地市场准入、交易风险分析、预警防范处置等机制。加快构建涵盖合规

审查、价格评估、指标交易、担保、保险等业务的综合服务体系，促进补充耕地指标要素自主有序流动，进一步激发全社会创造力和市场活力。

四、探索建立跨省域“共建园区”协同发展模式

依托补充耕地指标跨区域交易平台，在政府层面建立供应链战略合作框架，打通“走出去”“引进来”的双向流通渠道，引导东部省份企业深入中西部，组建合作合资企业，跨省域建立“产购储加销”一体化的现代化产业体系，推动耕地供需双方资源要素的合理配置。制定出台覆盖“产购储加销”全链条的扶持政策，将跨省域补充耕地指标交易收入按一定比例投入“三农”领域项目，加大对涉农企业信贷支持力度，鼓励企业拓宽融资渠道，吸引社会资本，提高资金使用效益。

加强乡村人才振兴投入保障，支持各类培训主体依托跨省域共建园区，搭建乡村引才聚才平台，加快培养农业生产经营人才、农村二三产业发展人才。进一步完善乡村人才工作体制机制，建立省际乡村人才信息库和需求目录，制定支持省际间人才、资本、技术、管理资源双向流动激励政策，打通人才、资本、技术、管理下乡渠道，推动各类人才定期服务乡村，鼓励人才向艰苦地区和基层一线流动。支持完善农村基础设施和公共服务设施，吸引城乡人才留在农村。

五、强化对地方政府有效利用土地的考核机制

严格落实耕地保护责任目标考核机制和耕地占补平衡责任落实机制，全面检查和考核补充耕地任务完成情况，严格补充耕地检查验收，坚决做到“占一补一、占优补优”。坚持“三农”融合、产业融合、城乡融合、区域融合原则导向，探索建立跨省域协同发展评价指标体系，设置省际差距、收入差距、城乡差距、教育公平、增收致富 5 个目标层的省际协同发展指标，强化用土地管理，提升土地利用效率，避免发达地区不利用自己的土地，而购买落后地区耕地指标，赚取级差地租。

六、其他需要注意的事项

（一）明确“重大公益性建设项目”概念的界定

一般而言，公益性项目是指为社会公共利益服务、不以营利为目的，无稳定经营性收入且不能或不宜通过市场化方式运作的政府投资项目；准公益性项目是指为社会公共利益服务，虽不以营利为目的但可产生较稳定的经营性收入的政府投资项目。《跨省域补充耕地国家统筹管理办法》指出，对国家重大公益性建设项目，可按规定适当降低收取标准。重大建设项目原则上限于交通、能源、水利、军事国防等领域。《自然资源部关于实施跨省域补充耕地国家统筹有关问题的通知》进一步明确指出，重大建设项目依照允许占用永久基本农田的重大建设项目范围确定。根据《自然资源部关于做好占用永久基本农田重大建设项目用地预审的通知》精神，重大项目又细分为六类：一是中共中央、国务院明确支持的重大建设项目；二是军事国防类；三是交通类；四是能源类；五是水利类；六是为贯彻落实中共中央、国务院重大决策部署，国务院投资主管部门或国务院投资主管部门会同有关部门支持和认可的交通、能源、水利基础设施项目。从上述文件规定可以看出，国家重大公益性建设项目并没有进一步区分公益性和准公益性项目范围，可能会低估项目经营性收益部分的价值，同时减免的标准、程序也没具体的规定，都需要出台相关政策细则给予明确。

（二）进一步完善相应的统计指标数据

建议围绕建立补充耕地指标跨区域交易机制工作的需求，进一步完善耕地、人口相关指标。比如“农林牧渔从业人口”统计指标只统计到 2012 年，2013 年以后的数据缺失，从事种植业人口统计数据的缺失，不利于粮食保护。人口（尤其是流动人口）的受教育程度统计指标，应该细化统计具体的受教育专业，便于推进跨省域协同发展相关工作。各省补充耕地指标交易量、交易收入、后备耕地总量等数据要及时动态更新、更加公开透明。

第三节　问题与研究展望

一、不足之处

（一）随机前沿函数设定不够精确

从推导趋势线 $\hat{Y}$ 的过程中可知，技术进步与产量之间的关系呈 Logistics 形状，且技术进步带来的产量变化先递增再逐渐递减。但在书中测度技术效率时采用的是超越对数模型，模型函数所隐含的技术进步与产量之间的关系是否呈 Logistics 形状仍有待商榷。且本书在讨论将技术效率作为风险系数纳入土地定价模型时，采用了固定技术效率进行测算，在测算精度上存在一定的误差。

（二）有待完善的土地发展权定价

第五章分三种情况讨论耕地的价格补偿发现，补偿土地发展权时的总收益比补偿土地整理成本时的总收益增加了 $\Delta Q_{F_B}P_{D_A}$，而同时补偿土地整理成本和土地发展权时，总收益并没有比补偿土地发展权时的总收益高，只是收益在彼此之间发生了转移，故认为土地基准价应至少不低于土地发展权价格。但在后续的章节里，考虑到农业风险较大的特殊性，发现耕地交易不仅改变了耕地的数量，也增加了耕地供给方的风险，基于保护劳动者耕种积极性及缩短省际经济发展的目的，在定价模型中加入了风险补偿，然而却并未讨论增加风险补偿对双方最大化行为以及总收益的影响。

受数据的限制，书中关于土地的定价并没有得到一个确切的数值，只是一个大致的定价起点，这个起点有可能远低于实际该有的基准价。

（三）尚未明确中央监管费用来源

本书只讨论了中央政府退出跨省域补充耕地统筹管理后，如何有效地对耕地供求方进行监督，即为了让地方政府遵守保护耕地的要求，中央政府的奖励金与处罚金的差额应大于耕地管理成本；而让地方政府不擅自改变土地用途的措施是，中央政府的奖励金与处罚金的差额应大于改变土地用途时的土地发展权收益。但是，本书并未提及中央监管费用的出处，尤其是奖励金的来源。中央监管费用无论是交易分成提取，还是事后盈利纳税，都会对耕地供求双方产生一定的影响，需要另行深入分析。

二、研究展望

建立跨省域补充耕地指标交易机制是一个涉及多方面的复杂问题，由于时间和研究水平有限，本书的研究深度和精度都有待于进一步提高。以下是笔者在研究过程中的一些体会，有待在以后的研究中进一步深入：

（一）完善二级市场，提升耕地流动性

重庆地票交易制度采取了市场化的方式配置城乡建设用地资源，开放指标的需求方在理论上任何一个民事主体均可以参加地票的竞买，从而激发地票的需求，为地票的竞买提供了前提；通过交易所的公开拍卖，由支付价格最高者竞得地票，从而有利于发现指标的真实价格（黄忠，2019）。本书仅讨论了政府之间的博弈和基准定价，并没有分析如何完善二级市场、使更多的民事主体参与进来。为了更好地提高耕地指标供给方的收益、缩小城乡差距，有必要进一步分析如何降低市场准入门槛，让更多的竞争者能够以多种渠道融资、以多种方式参与市场交易；分析如何完善交易制度，使得指标能够实现二次甚至多次流转，提高指标流动性，使其更能反映市场供需状况，更好地促进土地使用效率的提高，推动土地改革进一步完善。

（二）深入分析我国耕地非农化与城乡收入差距之间的关系

1955 年，美国经济学家 Simons Kuznets 在对收入差距的研究中发现，收入差距会随经济增长先扩大、达到一定的拐点之后再逐渐缩小的规律，即两者之间呈现倒“U”形曲线变化关系，该倒“U”形曲线被称为库兹涅茨曲线（KC）。20 世纪 90 年代，经济学家 Grossman 和 Alan Krueger 在研究中发现，环境污染程度与人均收入亦呈现倒“U”形关系，提出了环境库茨涅茨曲（EKC）假说。而国内学者（蔡银莺和张安录，2005）针对耕地非农

化与经济增长之间的关系进行了深入分析，验证了耕地资源库茨涅茨曲线假说。但也有学者认为倒“U”形曲线并不适合中国国情。跨省域补充耕地使稀缺的耕地资源突破了省域的界线，实现了跨省域范围的耕地资源的增加，有可能在一定程度上改变耕地非农化与经济增长之间的倒“U”形关系，使曲线整体上升或者变得更复杂化。耕地资源的稀缺与经济平稳快速增长之间的矛盾关系是困扰农业生产乃至国民经济可持续发展的瓶颈，分析跨省域补充耕地指标交易下的耕地非农化与城乡收入差距的关系，不仅能够对跨省域补充耕地政策效果进行评价，而且有助于提出相应的突破发展瓶颈的办法，具有重要的现实意义。

（三）建立长效追踪机制，分析解决省际人力资本差异

为了更好地推进跨省域补充耕地指标交易市场化，需要从根本上解决省际间人力资本差异问题。跨省域补充耕地引致的人口流动的特点、人口流动的原因、流动的去向、流动人口的受教育程度等，各个省份的人口流动有着大致相同的原因，但也存在着细微的差别之处，需要建立长效的追踪机制，及时地发现问题、分析原因并适时调整相关产业政策、建立保障措施等。另外，进一步深化对跨省域补充耕地收益分配的研究，提高农民收入，努力缩小省际间的收入差距，完善落后地区的社会保障机制，使落后地区初步具备吸引人才流入的优势。

参考文献

［1］ Almeida J, Condessa B, Pinto P, et al. Municipal Urbanization Tax and Land-use Management-The Case of Tomar, Portuga［J］. Land Use Policy, 2013, 3 (11): 336-346.

［2］ Andrew J Plantinga, Ruben N Lubowski, Robert N Stavins. The Effects of Potential Land Development on Agricultural Land Prices［J］. Journal of Urban Economics, 2002 (52): 561-581.

［3］ Antonio Tavares. Can the Market Be Used to Preserve Land? The Case for Transfer of Development Rights［C］. European Regional Science Association 2003 Congress, 2003.

［4］ Capozza D R, Sick G A. The Risk Structure of Land Markets［J］. Journal of Urban Economics, 1994, 48 (02): 621-640.

［5］ Charles C Krusekop. Diversity in Land Arrangements under the Household Responsibility System in China［J］. China Economic Review, 2002 (13): 84-96.

［6］ Chen G, Li X, liu X, et al. Global Projections of Future Urban Land Expansion under Shared Socioeconomic Pathways［J］. Nature Communications, 2020 (11): 537.

［7］ Chengri Ding. Land Policy Reform in China: Assessment and Prospects［J］. Land Use Policy, 2003, 20 (02): 109-120.

[8] Deininger K, Jin S Tenure. Tenure Security and Land-related Investment: Evidence from Ethiopia [J]. European Economic Review, 2006, 50 (05): 1245-1277.

[9] Deng Dacai. The Making of Farmland Markets-Case Study on Villages of Hongqi, Liyuantun, Hucun and Xiaogang [J]. China Economist, 2009 (23): 103-111.

[10] Douglas C M. An Economic Case for Land Reform [J]. Land Use Policy, 2000, 17 (01): 49-57.

[11] Gardner B D. The Economics of Agricultural Land Preservation [J]. American Journal of Agricultural Economics, 1977, 59 (05): 1027-1036.

[12] Gavian S, Fafchamps M. Land Tenure and Allocative Efficiency in Niger [J]. American Journal of Agriculture Economics, 1996, 78 (05): 459-468.

[13] Geng B, Zheng X, Fu M. Scenario Analysis of Sustainable Intensive Land Use Based on SD Model [J]. Sustainable Cities and Society, 2017 (29): 193-202.

[14] Glenn D Pederson. A Representative Market Model of Farmland Bid Prices [J]. Journal of Agricultural and Resource Economics, 1982, 7 (02): 279-291.

[15] Goodwin B K, Ker A P. Nonparametric Estimation of Crop Yield Distributions: Implications for Rating Group-Risk Crop Insurance Contracts [J]. American Journal of Agricultural Economics, 1998, 80 (01): 139-153.

[16] Grace Kassis, Nathalie Bertrand, Bernard Pecqueurc. Rethinking the Place of Agricultural Land Preservation for the Development of Food Systems in Planning of Peri-urban Areas: Insights from Two French Municipalities [J]. Journal of Rural Studies, 2021, 86 (08): 366-375.

[17] Han Hongyun, Li Hanning, Zhao Liange. Determinants of Factor Misallocation in Agricultural Production and Implications for Agricultural Supply-Side Reform in China [J]. China and World Economy, 2018, 26 (03): 22-42.

[18] Hardaker J B. Some Issues in Dealing with Risk in Agriculture [C]. Working Paper Series in Agricultural and Resource Economics, 2000.

[19] Hanson Erik D, Herrick Bruce J, Kuethe Todd H. The Changing Roles of Urban Influence and Agricultural Productivity in Farmland Price Determination [J]. Land Economics, 2018, 94 (02): 199-205.

[20] Holcombe R G. The New Urbanism Versus the Market Process [J]. Review of Austrian Economics, 2004, 17 (23): 385-300.

[21] Hubner Michael. Urber Land Monitoing: A Critical Review of Current Practices in Measurement, Analysis, and Application [M]. University of Washington: Department of Urban Design and Planning, 2010.

[22] Ibrahim Hussain Kobe, Ojediran Ezekiel Olamide, Fakayode Segun Bamidele, Ajibade Toyin Benedict, Belewu Kafayat Yemisi, Daudu Abdulrazaq Kamal [J]. Journal of Land and Rural Studies, 2018, 6 (01): 50-66.

[23] Jeffrey D Kline, Ralph J Alig. Does Land Use Planning Slow the Conversion of Forest and Farm Lands? [J]. Growth and Change, 1999, 30 (01): 3-22.

[24] Jessop B. The Dynamics of Partnership an Govermance Failure [J]. Energy Climatye an the Environment, 1999 (01): 135-144.

[25] Jiang Meishan, Li Jingrong, Paudel Krishna P, Mi Yunsheng. Factors Affecting Agricultural Land Transfer-Out in China: A Semiparametric Instrumental Variable Model [J]. Applied Economics Letters, 2019, 26 (20): 1729-1733.

[26] Johnston Robert J, Duke Joshua M. Willingness to Pay for Land Preservation across States and Jurisdictional Scale: Implications for Benefit Transfer [J]. Land Economics, 2009, 85 (02): 217-237.

[27] Kuminoff Nicolai V, Alvin D Sokolow, Daniel A Sumner. Farmland Conversion: Perceptions and Realities [M]. California: University of California Agricultural Issues Center Issues Brief, 2001.

[28] Laure Latruffe, Chantal Le Mouël. How and to What Extent Support to Agriculture Affect Farmland Markets and Prices: A Literature Review [R].

Report for the OECD, Directorate for Food, Agriculture and Fisheries, 2006.

[29] Li Fang, Marie Howland, Jinyhup Kim, Qiong Peng, Jiemin Wu. Can Transfer of Development Rights Programs Save Farmland in Metropolitan Counties? [J]. Growth & Change, 2019, 50 (03): 926-946.

[30] Lisec A, Ferlan M, Lobink F, et al. Modelling the Rural Land Transaction Procedure [J]. Land Use Policy, 2008, 25 (02): 286-297.

[31] Liu X, Liang X, Li X, et al. A Future Land Use Simulation Model (FLUS) for Simulating Multiple Land Use Scenarios by Coupling Human and Natural Effects [J]. Landscape and Urban Planning, 2017 (168): 94-116.

[32] Lori Lynch, Wesley N Musser. A Relative Efficiency Analysis of Farmland Preservation Programs [J]. Land Economics, 2001, 77 (04): 577-594.

[33] Luca Di Corato, Ardjan Gazhel, Carl-Johan Lagerkvist. Investing in Energy Forestry under Uncertainty [J]. Forest Policy and Economics, 2013 (34): 56-64.

[34] Lynch Lori, Lovell Sabrina J. Combining Spatial and Survey Data to Explain Participation in Agricultural Land Preservation Programs [J]. Land Economics, 2003, 79 (02): 259-276.

[35] Mark W Skinner, et al. Agricultural Land Protection in China: A Case of Local Governance in Zhejiang Province [J]. Land Use Policy, 2001 (18): 329-340.

[36] Matthew J Baker, Thomas J Miceli, C F Sirmans. An Economic Theory of Mortgage Redemption Laws [J]. Real Estate Economics, 2008, 36 (01): 31-45.

[37] Maxim Shoshany, Naftaly Goldshleger. Land-use and Population Density Changes in Israel—1950 to 1990: Analysis of Regional and Local Trends [J]. Land Use Policy, 2002, 19 (02): 123-133.

[38] Michi Nishihara. Real Option Valuation of Abandoned Farmland [J]. Review of Financial Economics, 2012, 21 (04): 188-192.

[39] Nirmal Roy V P. Land Reforms, Land Markets and Urban Transformation: Identifying Some Long Run Impacts of Land Reforms from Kerala, India [J] . Journal of Land and Rural Studies, 2016, 4 (02): 123-139.

[40] Ruden S T. Property Rights, Land Market and Investment in Soil Conservation, Paper Prepared for the Workshop [J] . Economic Policy Performs and Sustainable Land Use in LDC: Rent Advance in Quantitative Analysis, 1999, 5 (12): 132-157.

[41] Schatzki T. Options, Uncertainty and Sunk Costs: An Empirical Analysis of Land Use Change [J] . Journal of Environmental Economics and Management, 2003, 46 (01): 86-105.

[42] Schmidt P, Sickles R C. Production Frontiers and Panel Data [J] . Journal of Business & Economic Statistics, 1984, 2 (04): 367-374.

[43] Skees J R, Barnett B B J. Designing and Rating an Area Yield Crop Insurance Contract [J] . American Journal of Agricultural Economics, 1997, 79 (02): 430-438.

[44] Turvey. The Risk Structure of Land Markets [J] . Journal of Urban Economics, 2002, 35 (03): 297.

[45] Vranken L, Swinnen J. L and Rental Markets in Transition: Theory and Evidence from Ethiopia [J] . European Economic Review, 2006, 73 (06): 896-907.

[46] Williamson O E. The Mechanisms of Govemance [M] . New York: Oxford University Press, 1996.

[47] Wu M, Ren X, Che Y, et al. A Coupled SD and CLUE-S Model for Exploring the Impact of Land Use Change on Ecosystem Service Value: A Case Study in Baoshan District, Shanghai, China [J] . Environmental Management, 2015, 56 (02): 402-419.

[48] Xiao Yi, Wei Chaofu, Yin Ke, Luo Guanglian. A Comparative Analysis of the Two Typical Farmland Transfer Models in Chongqing [J] . China Economist,

2009（23）：112-119.

［49］Xu Hengzhou, Zhao Yihang, Tan Ronghui, Yin Hongchun. Does the Policy of Rural Land Rights Confirmation Promote the Transfer of Farmland in China?［J］. Acta Oeconomica, 2017, 67（04）：643-672.

［50］艾方青．基于实物期权理论的政府土地定价研究——以上海为例［D］．上海：华东师范大学，2016.

［51］艾强．土地使用权价值评估研究——基于实物期权视角［D］．合肥：安徽农业大学，2016.

［52］白新华．农用地流转过程中土地估价问题探讨［J］．农业经济，2017（05）：85-87.

［53］集体建设用地［EB/OL］．百度百科，https：//baike. baidu. com/item/%E9%9B%86%E4%BD%93%E5%BB%BA%E8%AE%BE%E7%94%A8%E5%9C%B0/10440350? fr=aladdin.

［54］世界上农业耕地面积最大的十个国家，中国排第几［EB/OL］．佰幸农业，https：//mp. weixin. qq. com/s/FvednMEfu3sO0ojt_ snKkQ.

［55］蔡成凤．土地管理中的土地指标交易方法综述［J］．合作经济与科技，2014（17）：30-31.

［56］蔡银莺，张安录．耕地资源流失与经济发展的关系分析［J］．中国人口·资源与环境，2005（05）：52-57.

［57］曹祺文，顾朝林，管卫华．基于土地利用的中国城镇化 SD 模型与模拟［J］．自然资源学报，2021，36（04）：1062-1084.

［58］陈藜藜，宋戈，邹朝晖，周浩，张旭．基于改进局部空间自相关分析的萝北县耕地保护分区［J］．资源科学，2016，38（10）：1871-1882.

［59］陈刚．城市土地交易市场内涵与框架分析［A］//“决策论坛——公共政策的创新与分析学术研讨会”论文集（下）［C］．《科技与企业》编辑部会议论文集，2016.

［60］陈善毅．我国耕地复种指数继续提高的瓶颈与对策［J］．安徽农业科学，2007，35（21）：6560-6561.

［61］陈晓军，张孝成，郑财贵，牛德利，高强．重庆地票制度风险评估研究［J］．中国人口·资源与环境，2012，22（07）：156-161.

［62］陈亚东．农村土地整治与交易研究［M］．北京：人民出版社，2020.

［63］陈银蓉，梅昀．农村土地流转交易机制与制度研究［M］．北京：科学出版社，2017.

［64］程建，程久苗．中国省际土地利用隐性形态时空格局、驱动力与转型模式［J］．中国土地科学，2017，31（12）：60-68.

［65］褚冬琳，冯冬发．中国粮食技术效率的超越对数随机前沿分析［J］．中国市场，2021（09）：58-60.

［66］崔智敏．土地流转中的失地农民问题及其对策［J］．特区经济，2007（05）：173-174.

［67］丁元欣．农村土地承包经营权流转定价研究［D］．合肥：合肥工业大学，2016.

［68］交易机制［EB/OL］．道客巴巴，https：//www. doc88. com/p-4435803329359. html.

［69］湖北省县市级土地整治培训［EB/OL］．道客巴巴，https：//www. doc88. com/p-2753872235767. html.

［70］方斌，倪绍祥，邱文娟．耕地保护易地补充的经济补偿的思路与模式［J］．云南师范大学学报（哲学社会科学版），2009，41（01）：49-54.

［71］房彦兵．基于现代金融学视角的土地定价问题研究［D］．成都：西南财经大学，2013.

［72］傅青山，孔维东．农用地征转用价格评估机制探析［J］．中国土地，2005（05）：14-16.

［73］付晓亚．耕地占补平衡指标易地交易价格体系研究［D］．太原：山西财经大学，2019.

［74］甘春华．城乡劳动力市场融合：动力机制与对策［M］．北

京：经济科学出版社，2010.

［75］管紫晶．实物期权法下土地使用权价值评估研究——以华夏幸福为例［D］．兰州：兰州财经大学，2018.

［76］郭勇．陕西城市土地储备投资信托基金的适用性研究［D］．西安：西安建筑科技大学，2009.

［77］国务院办公厅关于印发跨省域补充耕地国家统筹管理办法和城乡建设用地增减挂钩节余指标跨省域调剂管理办法的通知（国办发〔2018〕16号）［Z］．中华人民共和国中央人民政府网站，2018-03-26.

［78］韩长赋．中国农村土地制度改革［J］．农业经济问题，2019（01）：4-16.

［79］侯力．中国城市化过程中的耕地资源保护研究［M］．北京：中国社会科学出版社，2010.

［80］侯永志，张永生，刘培林等．区域协同发展：机制与政策［M］．北京：中国发展出版社，2016.

［81］宦吉娥，刘东豪．跨省域补充耕地国家统筹制度的挑战与应对［J］．湖北农业科学，2020，59（10）：154-158.

［82］宦梅丽，侯云先，吕静．农机作业服务对中国粮食生产技术效率的影响：基于共同前沿方法的考察［J］．农林经济管理学报，2022，21（02）：136-145.

［83］黄小虎．建立城乡统一的建设用地市场［J］．经济导刊，2015（01）：58-64.

［84］黄忠．地票制度研究［M］．北京：法律出版社，2019.

［85］黄忠怀，邱佳敏．政府干预土地集中流转：条件、策略与风险［J］．中国农村观察，2016（02）：34-44.

［86］江华，杨秀琴．农村集体建设用地流转——制度变迁与绩效评价［M］．北京：中国经济出版社，2011.

［87］蒋萍．重庆农村土地交易所地票交易风险及防范研究［D］．重庆：西南大学，2012.

[88] 金晶．快速城镇化进程中的农地非农化问题与政策调控研究［M］．上海：上海三联书店，2016.

[89] 金璟，孙鹤，张毅．粮食供求变化的分析与 Logistic 模型预测——以云南省粮食供求研究为案例［J］．经济研究导刊，2011（03）：120-123+142.

[90] 经济增长中的耕地资源可持续利用研究课题组．经济增长中的耕地资源可持续利用研究［M］．北京：社会科学文献出版社，2013.

[91] 李春晖．中国被征地农民就业和社会保障问题研究［D］．北京：北京林业大学，2020.

[92] 李彬．建立城乡统一的建设用地市场研究［M］．北京：经济科学出版社，2017.

[93] 李冰．城市宏观级差地租及其调节研究——缩小我国区域经济差距的一个政策思路［D］．大连：东北财经大学，2014.

[94] 李赓．我国城市土地期权制度及土地期权定价探讨［D］．杭州：浙江大学，2006.

[95] 李光荣，王力等．中国农村土地市场发展报告（2018～2019）［M］．北京：社会科学文献出版社，2019.

[96] 李国敏．城市化对耕地保护效应及补偿机制研究［D］．武汉：武汉大学，2014.

[97] 李杰．供给侧改革视域下我国农村集体建设用地入市风险及其防范研究［M］．成都：四川大学出版社，2019.

[98] 李景刚，何春阳．近 20 年中国北方 13 省的耕地变化与驱动力［J］．地理学报，2004，59（02）：274-282.

[99] 李萌，杨龙．农村贫困、收入不平等与城镇化关系的实证研究——基于 2000-2012 年省际面板数据［J］．统计与信息论坛，2014，29（06）：68-73.

[100] 李名勇，晏路明．基于协整理论和前移回归模型的福建省耕地资源变动预测及其驱动机制研究［J］．中国土地科学，2010（11）：

11-14.

[101] 李世平，马文博，陈昱．制度创新：国内外耕地保护经济补偿研究综述［J］．电子科技大学学报（社会科学版），2012，14（05）：48-55.

[102] 李晓楠．上海市土地交易市场问题研究［D］．上海：复旦大学，2010.

[103] 李效顺，曲福田，谭荣，姜海，蒋冬梅．中国耕地资源变化与保护研究——基于土地督察视角的考察［C］．昆明：中国农业资源与区划学会，2008.

[104] 李月洁．基于数量质量并重的全国耕地占补平衡研究［D］．北京：中国地质大学，2010.

[105] 李兆富，杨桂山．苏州市近50年耕地资源变化过程与经济发展关系研究［J］．资源科学，2005，27（04）：50-55.

[106] 李周，温铁军，魏后凯，杜志雄，李成贵，金文成．加快推进农业农村现代化："三农"专家深度解读中共中央一号文件精神［J］．中国农村经济，2021（04）：2-20.

[107] 梁小青．论重庆地票设计中的制度性风险［J］．全国商情（理论研究），2011（15）：12-13.

[108] 廖宏斌．农村土地流转风险控制研究［M］．北京：社会科学文献出版社，2015.

[109] 林超，冯大鹏，侯文坤，何伟，邵琨．好地搞建设，劣地搞农业？基本农田怎么办？［J］．半月谈，2020（03）.

[110] 林培，程烨．"耕地总量动态平衡"政策内涵及实现途径［J］．中国土地科学，2001（03）：12-14.

[111] 刘敬．略论资本资产定价模型及在我国证券市场中的应用［J］．现代财经（天津财经大学学报），2003，23（08）：36-38.

[112] 刘丽佳．农用地流转价格评估方法探究［D］．天津：天津商业大学，2018.

［113］刘萍，付梅臣．收益还原法评估农用地价格有关问题探讨［J］．农业系统科学与综合研究，2007（01）：78-82.

［114］刘水杏，曲波．农地分等定级与估价成果在耕地占补平衡中的应用［J］．地域研究与开发，2002（03）：82-84.

［115］刘涛，刁节文．基于实物期权的房地产开发投资决策理论研究［M］．北京：经济科学出版社，2008.

［116］刘维新．西部大开发的耕地保护政策［J］．中国土地科学，2001（03）：9-11.

［117］刘卫东．中国城市土地开发及其供给问题研究［J］．城市规划，2002，15（04）：37-40.

［118］刘小玲．建立我国城乡一体的土地市场体系探索［J］．南方经济，2005（08）：37-40.

［119］刘新卫，赵崔莉．改革开放以来中国耕地保护政策演变［J］．中国国土资源经济，2009，22（03）：11-13.

［120］刘亚男．实物期权方法在农地征收土地定价上的应用研究［D］．石家庄：河北经贸大学，2015.

［121］卢新海，韩璟．海外耕地投资研究综述［J］．中国土地科学，2014，28（08）：88-96.

［122］卢新海，唐一峰，易家林，姜旭．基于空间计量模型的耕地利用转型对农业经济增长影响研究［J］．中国土地科学，2019，33（06）：53-61.

［123］陆益龙．百年中国农村发展的社会学回眸［J］．中国社会科学，2021（07）：44-62.

［124］罗湖平．中国土地资源配置中的隐形市场研究［M］．北京：中国社会科学出版社，2018.

［125］罗湖平，谢炳庚．中国土地隐形市场及其显形化路径［J］．经济地理，2017，37（03）：165-173.

［126］吕洪渠．面板空间随机前沿模型求解及应用研究［D］．济

南：山东大学，2018.

［127］马保庆，王福斌，王天敬，李术伟．非农业建设土地使用制度改革研究及应用［J］．中国土地科学，1998（04）：28-33.

［128］马会芳．易地补充耕地交易的案例实证研究：制度起源、发展与展望——以绍兴和宁波为例［D］．杭州：浙江大学，2014.

［129］马克思，恩格斯．资本论（纪念版）（第一卷）［M］．中共中央马克思恩格斯列宁斯大林著作编译局，编译．北京：人民出版社，2018.

［130］马文博．利益平衡视角下耕地保护经济补偿机制研究［M］．北京：中国经济出版社，2016.

［131］毛德华等．耕地保护的市场机制研究：基于耕地发展权交易与虚拟耕地战略视角［M］．北京：经济日报出版社，2018.

［132］毛良祥．耕地保护补偿标准与补偿基金规模研究［D］．北京：中国地质大学，2013.

［133］孟爱云，濮励杰．区域耕地数量变化与工业化、城市化进程相互关系探讨——以江苏省为例［J］．长江流域资源与环境，2018，17（02）：237-241.

［134］米旭明，王文思．农村集体建设用地流转的减贫效应研究［J］．数量经济技术经济研究，2021，38（11）：62-83.

［135］莫宏伟．基于 GIS 的关中地区土地利用变化及土地生态安全动态研究［D］．西安：陕西师范大学，2010.

［136］穆松林，张义丰，高建华，刘春腊．村域土地承包经营权流转价格研究［J］．资源科学，2011，33（05）：923-928.

［137］聂英，聂鑫宇．农村土地流转增值收益分配的博弈分析［J］．农业技术经济，2018（03）：122-132.

［138］聂荣，沈大娟．农业风险控制与农业保险绩效研究［M］．北京：经济科学出版社，2017.

［139］乔荣锋．农地城市流转的管理控制系统研究［D］．武汉：华中农业大学，2008.

［140］乔润令，顾惠芳，王大伟等．城乡建设用地增减挂钩与土地整治：政策和实践［M］．北京：中国发展出版社，2013.

［141］曲福田，陈江龙．两岸经济成长阶段农地非农化比较研究［J］．中国土地科学，2001（06）：5-9.

［142］全坚，韦燕飞，严志强．构建城乡统一的建设用地市场研究［J］．安徽农业学报，2011（26）：61-91.

［143］人大国发院城镇化研究中心课题组．城镇化中的撤村并居与耕地保护：进展、挑战与出路［R］．北京：国家发展与战略研究院，2014.

［144］我国仍是世界第一人口大国，约占全球总人口 18%——人口家底有了新变化［N/OL］．人民日报，http：//www.gov.cn/xinwen/2021-05/12/content_5605914.htm.

［145］国史讲堂：新中国 70 年经济建设成就［EB/OL］．人民网—中国共产党新闻网，http：//dangshi.people.com.cn/n1/2019/1010/c85037-31392522.html.

［146］任金政，李晓涛．基于异方差调整的粮食单产风险分布对保险费率厘定的影响研究［J］．保险研究，2019（09）：74-87.

［147］任琳，张鹏，李永明．集体建设用地流转困境探索——以安阳市为例［J］．安阳工学院学报，2014，2（68）：63-65.

［148］任燕燕，吕洪渠，王娜．动态面板空间随机前沿模型的参数估计及应用［J］．统计研究，2019，36（11）：113-124.

［149］沈满洪，强朦朦．农业生产风险评估及管理研究进展［J］．浙江大学学报（人文社会科学版），2020，50（03）：12-28.

［150］沈守愚．论设立农用地发展权的理论基础和重要意义［J］．中国土地科学，1998，12（01）：17-19.

［151］史建民．新阶段农业政策绩效分析［J］．山东农业大学学报（社会科学版），2005（02）：15-21.

［152］宋娟，白钰，张宇．城乡建设用地增减挂钩的理论与实证［M］．天津：南开大学出版社，2012.

[153] 宋小青，欧阳竹．耕地多功能内涵及其对耕地保护的启示[J]．地理科学进展，2012，31（07）：859-868.

[154] 交易机制是什么[EB/OL]．搜狗问问，https：//wenwen. sogou. com/z/q661761095. htm.

[155] 孙晗，何春阳，杨洋．基于适宜性与生产潜力综合评价的基本农田划分综合模型研究——以京津唐地区为例[J]．中国土地科学，2011，25（09）：72-76.

[156] 孙文盛．加强宏观调控管好土地“闸门”[J]．求是，2007（11）：20-23.

[157] 孙玉奎．试谈“隐形”土地交易[J]．长白学刊，1992（05）：94-95.

[158] 谭新龙．地票交易中各利益主体博弈的经济学分析[J]．改革与战略，2010，26（03）：91-93.

[159] 汤芳．农用地发展权定价研究[D]．武汉：华中农业大学，2005.

[160] 唐健．我国耕地保护制度与政策研究[M]．北京：中国社会科学出版社，2006.

[161] 唐莹，穆怀中．我国耕地资源价值核算研究综述[J]．中国农业资源与区划，2014，35（05）：73-79.

[162] 田成敏，杨春德，刘殿成．汉诺威原则与土地利用规划探讨[J]．中国土地，2003（05）：44-46.

[163] 童菊儿，严斌，汪晖．异地有偿补充耕地——土地发展权交易的浙江模式及政策启示[J]．国际经济评论，2012（02）：140-152+8.

[164] 童潜明．不可忽视的耕地隐形流失[J]．国土资源导刊，2005（04）：9-11.

[165] 屠帆．政府行为和城市土地资源配置研究[M]．北京：经济科学出版社，2013.

[166] 汪晖，陶然．论土地发展权转移与交易的“浙江模式”——制

度起源、操作模式及其重要含义［J］．管理世界，2009（08）：39-52.

［167］汪阳洁，张静．基于区域发展视角的耕地保护政策失灵及对策选择［J］．中国人口·资源与环境，2009，19（01）：76-81.

［168］王欢，杨学成．城乡统一建设用地市场土地交易价格模型初探［J］．经济与管理评论，2015（05）：42-47.

［169］王文旭，曹银贵，苏锐清，邱敏，周伟．基于政策量化的中国耕地保护政策演进过程［J］．中国土地科学，2020，34（07）：69-78.

［170］王颜齐．基于发展权价值评估视角的农地经营权流转定价方法研究［J］．统计与信息论坛，2017，32（05）：85-89.

［171］王永慧．农地非农化增值收益分配机制研究［M］．北京：中国人民大学出版社，2015.

［172］王永慧，严金明．农用地发展权界定、细分与量化研究——以北京市海淀区北部地区为例［J］．中国土地科学，2007，21（02）：25-30.

［173］王雨濛．土地用途管制与耕地保护及补偿机制研究［M］．北京：中国农业出版社，2013.

［174］王媛，贾生华，张凌．土地投资决策的实物期权理论述评［J］．中国土地科学，2010，24（09）：76-80.

［175］魏后凯．当前"三农"研究的十大前沿课题［J］．中国农村经济，2019（04）：2-6.

［176］魏后凯．"十四五"时期中国农村发展若干重大问题［J］．中国农村经济，2020（01）：2-16.

［177］魏后凯．面向2035年的中国农业现代化战略［J］．China Economist，2021，16（01）：18-41.

［178］魏后凯，姜长云，孔祥智，张天佐，李小云．全面推进乡村振兴：权威专家深度解读十九届五中全会精神［J］．中国农村经济，2021（01）：2-14.

［179］魏后凯，苏红键．中国农业转移人口市民化进程研究［J］．中国人口科学，2013（05）：21-29.

［180］温铁军．中国农村基本经济制度研究——“三农”问题的世纪反思［M］．北京：中国经济出版社，2000.

［181］温铁军．三农问题与世纪反思［M］．北京：生活·读书·新知三联书店，2005.

［182］闻德美．海域使用权定价研究——基于实物期权法和世代交叠模型的应用［M］．北京：经济科学出版社，2016.

［183］文兰娇，张安录，陈竹，杨欣，汪晗．农地发展权价值与农村集体建设用地资产保护——基于土地供需双方的选择实验模型检验［J］．农业技术经济，2019（04）：29-42.

［184］吴琨．基于TDR制度的重庆市地票交易模式优化研究［D］．重庆：重庆大学，2011.

［185］吴萍．集体经营性建设用地入市与农用地的生态补偿［J］．华南农业大学学报（社会科学版），2016，15（03）：1-9.

［186］吴万运，赵华美．空间地租视域下补充耕地指标跨地区交易的共享效应分析——以安徽省霍邱县和肥西县的交易为例［J］．理论月刊，2021（04）：50-60.

［187］吴巍．跨区域的土地指持交易及风险分析——以鄂州市为例［D］．武汉：华中农业大学，2016.

［188］吴泽斌．基于DMAIC流程的我国耕地保护利益冲突管理研究［M］．北京：经济科学出版社，2015.

［189］伍育鹏，郧文聚，李武艳．用标准样地进行耕地质量动态监测与预警探讨［J］．中国土地科学，2006（04）：40-45.

［190］毋晓蕾．耕地保护补偿机制研究［D］．北京：中国矿业大学，2014.

［191］湘水．邹玉川说我国目前不宜实行土地期权交易［J］．经济改革与发展，1994（07）：75.

［192］徐海燕．城乡建设用地增减挂钩节余指标跨县域交易定价研究［J］．资源开发与市场，2019，35（04）：521-526+571.

[193] 徐磊，张峭．中国粮食主产区粮食生产风险度量与分析［J］．统计与决策，2011，345（21）：110-112.

[194] 徐艳，张凤荣，颜国强，安萍莉．关于建立耕地占补平衡考核体系的思考［J］．中国土地科学，2005（01）：44-48.

[195] 徐爽，李宏瑾．土地定价的实物期权方法：以中国土地交易市场为例［J］．世界经济，2007（08）：63-72.

[196] 许庆，陆钰凤．非农就业、土地的社会保障功能与农地流转［J］．中国人口科学，2018（05）：30-41.

[197] 许庆，田士超，徐志刚，邵挺．农地制度、土地细碎化与农民收入不平等［J］．经济研究，2008（02）：83-92.

[198] 严善平．中国省际人口流动的机制研究［J］．中国人口科学，2007（01）：71-77.

[199] 严善平．人口移动、劳动力市场及其机制研究［M］．北京：人民出版社，2020.

[200] 阳吉运．我国省际农村居民收入差异及其影响因素的空间计量研究［D］．长沙：湖南大学，2010.

[201] 杨惠，张燕萍．成渝两地建设用地指标交易制度的对比研究［J］．经济法论坛，2013，11（02）：241-255.

[202] 杨韬．耕地易地占补平衡模式及运行机制［D］．长春：吉林大学，2005.

[203] 杨卫军，郭晨阳．农业风险多层次应对研究［M］．北京：北京理工大学出版社，2018.

[204] 杨志华，杨俊孝，王丽，赵晓红．农业补贴政策对农户耕地地力保护行为的响应机制研究［J］．东北农业科学，2020，45（02）：116-120.

[205] 姚柳杨，赵敏娟，徐涛．耕地保护政策的社会福利分析：基于选择实验的非市场价值评估［J］．农业经济问题，2017，38（02）：32-40+1.

[206] 叶玉国．论土地隐形市场的表现、成因、危害和对策［J］．杭州大学学报，1992，22（04）：45-49.

[207] 尹珂，肖铁．农村土地“地票”交易制度绩效分析——以重庆城乡统筹试验区为例［J］．农村经济，2011（02）：34-37.

[208] 臧俊梅，王万茂．农用地发展权的设定及其在中国农地保护中的运用——基于现行土地产权体系的制度创新［J］．中国土地科学，2007，21（03）：44-50.

[209] 藏波，吕萍．耕地占用税制度与耕地保护：一个合约理论的解释［J］．税务研究，2015（09）：92-98.

[210] 张合林．中国城乡统一土地市场理论与制度创新研究［M］．北京：经济科学出版社，2008.

[211] 张合林．我国城乡一体化发展与土地市场制度创新研究［M］．北京：中国经济出版社，2019.

[212] 张合林，郝寿义．城乡统一土地市场制度创新及政策建议［J］．中国软科学，2007（02）：28-40.

[213] 张怀志．空间溢出视角下我国城镇化的经济效应研究［D］．北京：中央财经大学，2017.

[214] 张囝囡，郭洪渊．美国农业保险制度演进研究［M］．北京：中国社会科学出版社，2013.

[215] 张鹏，刘春鑫．基于土地发展权与制度变迁视角的城乡土地地票交易探索——重庆模式分析［J］．经济体制改革，2010（05）：103-107.

[216] 张清学，李佳辰，周慧秋．农户玉米生产技术效率及影响因素研究——基于黑龙江省农村固定观察点数据［J］．玉米科学，2021，29（05）：178-183+190.

[217] 张全景，欧名豪，王万茂等．中国土地用途管制制度的耕地保护绩效及其区域差异研究［J］．中国土地科学，2008，22（09）：8-10.

[218] 张如春．耕地占补平衡制度在土地保障中的重要意义［J］．产业与科技论坛，2012，11（22）：15-16.

［219］张天佐．中国共产党土地政策的百年历史回顾与启示［J］．农村工作通讯，2021（17）：25-29.

［220］张文斌，黄思琴，陈英．基于AMOS模型的农户土地价值观对耕地保护行为的影响研究——以凉州区为例［J］．干旱区资源与环境，2016，30（10）：59-64.

［221］张裕凤．土地经济学［M］．北京：科学出版社，2019.

［222］赵弘．京津冀协同创新的战略与路径［M］．北京：北京教育出版社，2018.

［223］赵婧壹．基于CAPM理论的农村土地市场定价问题研究［D］．淄博：山东理工大学，2017.

［224］赵森，何远山．城市经济中的土地隐形市场初探［J］．石油大学学报（社会科学版），1995（03）：49-51.

［225］中国社会科学院京津冀协同发展智库京津冀协同发展指数课题组．京津冀协同发展指数（2017）［M］．北京：中国社会科学出版社，2018.

［226］钟杨．重庆地票交易制度风险防控研究［D］．重庆：西南大学，2012.

［227］周佳松，钟沛林，张弘．占补平衡补充耕地按等级折算研究——以南方丘陵山区为例［J］．中国农学通报，2005（11）：360-362.

［228］周林．资源性资产的定价及交易问题研究［D］．北京：财政部财政科学研究所，2013.

［229］周寅康，濮励杰，黄贤金．城市土地市场：发展与预警［M］．北京：科学出版社，2008.

［230］朱伟亚．不同农业生态区耕地质量占补平衡评价指标体系研究——以河北省为例［D］．保定：河北农业大学，2005.

［231］诸培新，唐鹏．农地征收与供应中的土地增值收益分配机制创新——基于江苏省的实证分析［J］．南京农业大学学报（社会科学版），2013，13（01）：66-72.

［232］祝平衡．土地发展权价格测算初探［J］．华中农业大学学报

（社会科学版），2009，79（01）：33-37.

［233］祝嫣然．北大光华刘俏：2035 年居民消费率有望提升到 60%［EB/OL］．第一财经，https：//www. sohu. com/a/439376992_114986.

后　记

关于土地问题的研究浩如烟海，本人涉足农业经济领域时间尚浅，所掌握的知识还远远不够，因此，本书的论点可能稍显幼稚甚至有所偏颇，但仍希望这些不成熟的思想能够给他人后续的研究提供些许经验和帮助。如果它能够应用于实践，能够为落后地区带来些许发展的帮助，也就不负我的期待了。

在此，深深地感谢我的导师张涛研究员。张老师开阔敏锐的思维、优秀的表达能力、严谨的治学态度和为人师表的高尚风范给了我许多启迪和教诲，使我终身受益。张老师教给我的不仅仅是学习方法、研究方法等学术上的知识，而且也是我为人处世、待人接物的学习榜样。

感谢经济管理出版社对本书出版的大力帮助！

感谢家人一直的关心与帮助！

由于水平有限，本书难免存在一些不足与疏漏之处，敬请大家批评指正！

褚冬琳

2023 年 12 月